シリーズ「発達障害は家庭で改善できる」

世界的な脳神経外科医の証言

発達障害を改善するメカニズムがわかった！

子どもの未来がビックリするほど変わる新常識!!

エジソン・アインシュタインスクール協会代表
鈴木昭平

医学博士・脳神経外科医
篠浦伸禎

コスモ21

カバーデザイン◆中村　聡
本文イラスト◆宮下やすこ

発達障害を改善するメカニズムがわかった！…もくじ

1章

「発達障害は改善しない」を覆した親子の感動物語

2章 発達障害の改善を促す10のポイント――脳科学の視点

3章 EES発達検査表で客観的に分析でき、わが子の特性を伸ばせる

4章 脳タイプがわかると発達障害の改善が加速！

5章 脳科学から見た発達障害の原因

プロローグ　子どもの未来がビックリするほど変わる！

☆『発達障害児は発達特性児』

人間には三つの使命がある

人間には、少なくとも三つの使命があります。

その一つは「親の使命」です。それは、わが子の社会的自立を一刻も早く実現することです。

残念ながら親は、永遠に子どもと共に生きられる訳ではありませんし、「人生、一寸先は闇」というように、この先何が起こるのかは誰にもわかりません。とくに、私たちが住む日本列島は4つのプレート（地殻）上にあって、世界有数の地震大国・災害大国です。いつ何時、命を失うのかはわかりません。

阪神大震災（1995年1月17日）では、6千人以上の人々が尊い命を失い、500人以上の子どもが親を失っています。東日本大震災（2011年3月11日）では、行方不明者を含めると2万人近い人命が失われ、1750人以上の子どもが親を失っています。そのうち250人ほどの子どもたちは両親を失っています。

親の使命を果たせずに命を落とした親御さんたちの気持を考えると、胸が痛みます。

二つ目の使命は、自立した人間としての「大人の使命」です。それは、子どもたちの未来をつくることです。

子どもは未熟なために、主体的に自分の未来を創ることはできません。だから、自立した大人が未熟な子どもに代わって未来を創らなければならないのです。

子どもの未来を創るためには、20年から50年先を視野に入れ、熟慮し判断して行動しなければなりません。自己中心主義や目先主義ではできません。自分のことしか考えない大人は、子どもの未来にとってはまったく無価値な存在です。場合によっては、害悪にすらなりかねません。

そして、三つ目は「人類の使命」です。霊長類たる人類の使命とは、地球を守ることです。それができない人類は、地球から排除されても文句を言えません。75億人に増加した人類が活発に活動しているために、地球規模で環境破壊も急激に進みました。人類は、愚かにも自分の首を自分で絞めているともいえます。それを防ぐこと、防げる次世代を育てることは、地球に生きる者の使命であり、地球の未来を守ることです。

従来のストレス教育では発達障害に対応できない

21世紀に入って、世界中の国々で発達障害児が急激に増えていて、最近は「自閉症スペクトラム」という診断名で統一されています。先天性・後天性を問わず、知的障害や身体障害を含めると、新生児の約20%が将来にわたって何らかの問題を抱えると考えられています。しかも、この比率は年々増加しています。

ところが、今までの教育では発達障害に対応できなくなっています。それどころか、発達障害は改善しないと決めつけています。それは、明治以来続いてきた教育の本質に問題があるからです。

今の大人世代が受けてきた教育は、明治期に入って「富国強兵」の号令のもと西欧から導入された教育制度が元になっています。それはひと言で言えば「ストレス教育」です。強い軍隊をつくるための兵隊の訓練法としては、それなりに合理性のある教育かもしれませんが、子どもの教育法としては、非科学的で非合理的な教育と言わざるを得ません。

今は明治維新から150年ほど経っていますが、教育の本質は何も変わっていません。私は長年、発達障害の改善に取り組んできましたが、これまでの教育では発達障害を改善することはできません。ですから、いかに「非常識」と言われようとも、子どもの可能性を効果的に伸ばすには、脳科学をベースにした合理的で統計学的な新しい教育に切り替えるべきだと考えています。

その教育の中心は、医学や心理学、栄養学などありとあらゆる視点から胎児期と乳幼児期の教育を見直し、脳科学をベースにした家庭教育です。

1歳半健診で発達障害に該当し得る異常を指摘された場合、「様子を見ましょう」と言われるケースがとても多いのです。その言葉を受け入れて、何も手を打っていないと、３歳児健診のときに医者から「お子さんは発達障害児です」と言われます。親は当然、大きなショックを受けて、医者に「治りますか？」と聞きます。すると、「一生治りません」と言い切られるケースがほとんどです。それは、対応のガイドラインが決まっているためです。絶対に「治る」とは言いません。

じつは、ここに大きな問題があります。大脳生理学上、子どもの脳は乳幼児期にもっとも成長します。ですから、この時期の子どもには実際のところ不可能はほとんどないと言っても良いと、私は考えています。

本書で篠浦先生が述べているように、最新の脳科学は発達障害が改善する可能性を示唆しています。そのことは、本書で紹介するＥＥ教育メソッド（エジソン・アインシュタイン教育メソッド）によって発達障害が改善した事例とも一致します。本書で紹介しているように、わが子の脳の可能性を信じて取り組むことでビックリするような改善事例が起こっています。脳梁全欠損で生まれ、多動がものすごく意思疎通がまったく不可能だった子どもが障害者手帳を返納し、現在、小学校の普通クラスで楽しく学んでいる事例もあります。

お子さんの発達に悩んでいる親御さんに声を大にして言いたいことは、あなたのお子さんは発達障害児ではない、「発達特性児である」ということです。

私は親御さんに「神様以外は誰でも発達障害をもっているんですよ」とお話ししています。すべての人間は、神様のような全能者ではないからです。ですから、子どもによって違いがあるとすれば、それぞれに脳の発達に特性があるということです。その特性を見つけ、その子に合った働きをすれば、必ず天才性を発揮するようになり、地球の未来に貢献する人間として成長します。

子どもが将来、その特性を生かすには社会的に自立した人間になれなければ、いくらすぐれた能力をもっていても、社会に貢献することはできません。将来、社会で生きる自信と自立を身に付けることが必要なのです。

本書で紹介する家庭教育は、発達障害を改善する教育であり、子どもが将来自立して生きる基礎をつくる教育です。

世界一のフィンランド教育に学ぼう

日本の学校教育が「ストレス教育」であることは宿題にも現われています。ところが、教育水準が世界トップクラスとして注目されている北欧の国・フィンランドでは、基本的に小学校で宿題を強制することはないそうです。

宿題というストレスが少ない分、子どもたちにとって学校は楽しい場所になります。楽しいとき脳内では、ドーパミン、セロトニン、エンドルフィン、ギャバといった快楽ホルモンが分泌されます。快楽ホルモンは学習ホルモンとの別名があるように、学習効果を高める作用をします。

宿題をしている親子を見ていると、親が子どもを怒ってしまうことが多いのです。子どもは怒られると、脳が強いストレスを感じ、脳内にアドレナリンが分泌されます。アドレナリンは闘争ホルモンなので、脳が興奮してしまい学習どころではなくなってしまいます。過剰なストレスは「キラーストレス」ともいわれるように、脳細胞や血管を破壊するほど強く作用するため、脳内でトラブルが発生します。

親子がバトルしながら宿題をやっていると、子どもとの信頼関係を築くことを難しくします。宿題に限らず学校教育を家庭に持ち込みすぎると、かえって家庭での教育が崩壊するのです。

日本で、フィンランドと同じようにユニークな教育を実践している小学校がありま す。お茶の水女子大学附属小学校です。この小学校では、基本的に宿題に重点を置いていません。子どもたちの自主的な学ぶ力を引き出すために、先生と生徒の間のコミュニケーションを大切にしています。

観察や実験も大切にしています。生徒が何かに興味や疑問を持ったら、それを大切にして伸ばすのだそうです。

日本社会では、多少浮き上がってしまいそうですが、この小学校の卒業生には世界レベルで高く評価されているユニークな研究者がとても多いのです。

家庭教育に力を入れたほうが格段に効果的

子どもの脳は、胎内にいる間から6歳になるまでに大人の脳の80％以上に成長してしまいます。大脳生理学から考えると、「6歳から義務教育を受けるのでは脳の発達に間に合わず、とてもモッタイナイ」と言えるのです。

出生後、新生児の脳細胞とシナプスは急激に増加し、2~3歳で高止まりします。その後、使われない脳細胞の密度は〝シナプスの刈り込み〟で10歳までに大きく減少するとされています。

ですから、10歳までの大切な期間に五感からの刺激をたくさん与え、脳細胞のシナプス数が減少しないようにすることが、優秀な頭脳の基礎をつくるのです。幼児期の指導次第で知能指数を大きく高めることができるということです。脳のレベルを高めるには、学校教育に頼らず、胎児期と10歳までの乳幼児期の教育、すなわち家庭での教育に力を入れたほうが格段に効果的なのです。

これまでの研究でも10歳からは知能指数は大きく変わらないといわれています。6歳から小学校に入って脳を刺激する現行の義務教育制度では、かなり上手くやらないと、脳細胞もシナプスも大きく伸ばせないし、〝遅すぎる〟といってもいいでしょう。

このことは、発達教育の改善にもそのまま当てはまります。

五感を活用した家庭教育

学習の三要素は、「集中」と「記憶」と「判断」です。「集中」という状態を正確に体験しないと、次の段階である「記憶」も正確にできません。当然、続く「判断」も正確にはなりません。

ですから、まず正しい「集中」によって正しい情報を脳内に形成させるようにしなければ、何年経っても「記憶」と「判断」に進みません。

しかし、大人でもそうであるように、「集中する」というのはなかなか難しいことです。とくに乳幼児は、「何のために」という目的を理解できませんから、自分が興味を持つ物事にしか集中できません。そのため、子どもの感性がその対象に向かうように大人が導いてあげなければならないのです。

しかも、発達障害のある子どもの場合は五感がとくに敏感なので、五感から入ってくる情報に振り回されないような工夫が必要です。

五感が敏感なのは、理性（左脳）がうまく使えない分を右脳で補っているからです。そのために、光、音、色、味、におい、見るもの、触れるものなど、すべてに敏感で、いちいち反応してしまい、振り回されます。

このような子どもに対するときは、その感性に合わせて、目や耳がほかに逸《そ》れないように工夫する必要があります。EE教育メソッドで高速楽習法を行なう理由もそこにあります。子どもにストレスをかけずに効果的な学習が行なえるのです。この学習方法は、社会的な自立のために必要な基礎概念を教える際にも有効です。

脳科学の観点からも本格的に解説

ここまで述べてきた考え方に基づき、私はこれまで6000家族以上の発達障害の改善指導に取り組んできました。そのための具体的なメソッドがEE教育メソッド（エジソン・アインシュタイン教育メソッド）です。

詳しくは本書で説明していますが、このメソッドを、脳神経外科医の篠浦伸禎先生が、脳科学の観点から解説してくださっています。私自身は長年、発達障害が改善することを経験的に実証してきましたが、その解説によって脳科学的にさらに確信を深めることができました。

また本書には、篠浦先生が体系化された「脳タイプ診断」も掲載しています。これを使うと、親御さん自身がどの脳タイプであるかを知ることができます。自分の脳タイプがわかると、自分の考え方や感じ方の傾向がわかり、親として子どもにどう対すればいいのかを知る助けにもしていただけます。

ぜひ、お子さんの可能性を信じて、今すぐに取り組んでください。

（鈴木昭平）

☆『最新の脳科学が子育ての常識を変える』

発達障害は脳の扁桃体が活性化しすぎていることが関係

私は、「覚醒下手術」という最先端レベルの手術を10年以上にわたって実施してきた脳外科医です。

「覚醒下手術」について簡単に説明すると、患者さんの意識がある状態で、私と会話をしながら、手術を行ないます。脳細胞は痛みを感じないので、意識があっても患者さんには苦痛がありません。しかも、手術中に異変があれば患者さんの意識に変化が起こるので、すぐに確認ができ対応が可能になるというメリットがあります。患者さんの自然治癒力を引き出すという側面もあります。

この覚醒下手術を行なった副産物として、患者さんの反応から脳の機能局在がはっきりとわかってきました。私は鈴木先生の著書を読み、こうした私の経験と鈴木先生のEE教育メソッドには、共通する点が多いことに驚きました。とくに発達障害の本質については、子どもの脳の扁桃体（脳の奥にある最も原始的な活動を司る器官）が非常に活性化していることが関係している。このことについて確信に近い感触を得ています。

後ほど詳しく説明しますが、扁桃体が活性化されるとストレスホルモンが分泌されます。大人の鬱や不安障害もこのストレスホルモンが引き起こしています。

一方、ＥＥ教育メソッドでは、お母さんの愛情を家庭教育の中心に据えています。お母さんの愛情は脳の扁桃体を安定させるのにベストです。それによって発達障害の改善が起こる。それは、実に脳科学に即していると感じました。

愛情と厳しさが発達障害の改善を促す

発達障害に対して、現在の日本の医学界では、「発達障害という診断をつければいい」というムードです。つまり、教育のみならず医療の現場でも「発達障害は改善しない」という立場に立ち、停滞したままです。しかし、私は、それは間違っていると思っています。

発達障害は、薬では絶対に治りません。なぜなら、脳の状態は薬では治らないものだからです。しかし、脳の機能を正常化すれば、十分改善し得る。そう考えています。そのために子どもにまず必要なものは愛情です。

神経はオキシトシンというホルモンが出ないと発達しません。オキシトシンは脳の下垂体後葉から分泌されるのですが、一般に「幸せホルモン」とか「愛情ホルモン」などと呼ばれています。つまり、ストレスを緩和し、幸せな気分にするものなのです。このホルモンを出すには母親の愛情が必要なのです。

愛情によって子どもの状態がある程度安定したら、そこから先で必要なものは厳しさです。愛情と厳しさの両面があると、自律神経が高いレベルで安定し、機能することができます。それが発達障害の改善をさらに促します。

今後、他国では治せない発達障害を日本で治せるようになったら、日本はますます医療立国として世界平和に貢献できるようになると思います。そのためには、正しい情報を伝えられる仲間づくりが重要です。世の中をよくするには、トップダウンでは絶対に変わっていかないのです。

伝える人を増やしていくと、ある時点で臨界点に達し、一気に広まる。ＥＥ教育メソッドも、そのように広まっていくだろうと私は考えています。

（篠浦伸禎）

1章

「発達障害は改善しない」を覆した親子の感動物語

「発達障害は改善しない」

それが現在の、日本だけでなく世界中の常識です。

しかし、私たちは、声を大にしてお伝えしたいと思います。

「発達障害は、乳幼児期の家庭教育によって劇的に改善できる！」

そして、私たちの元へ報告された数多くの改善事例が、そのことを証明しています。

とくに印象的な事例をいくつかご紹介しましょう。


「一人で喜んで学校に行けるようになりました」

山下千鶴子さん（13歳／入会時10歳1カ月・仮名）・お父さん山下浩二さん

4年生まで平均20～30点だったのが
7カ月で国語・算数で１００点満点をとるように。
今は、普通クラスの中学生で将来が楽しみ。

・いつまでも親から離れない幼さが気になる

千鶴子は3人兄弟の末っ子です。上二人を育ててきた親から見ても成長が遅れていることはわかっていました。それが確認にいたるきっかけは、幼稚園の入園式のときでした。体も頭一つ分小柄な上、親から離れない幼さが気になりました。しかし、知能検査も受け、2年ほど遅れているということだったのですが、小学校の就学前検査では問題にならず、普通学級に入りました。

普段は普通級に在籍し、算数や国語などは支援級で授業を受けていました。理科は普通級で受けていましたが、なかなか付いていけなかったようです。体が小さいので運動面も苦手で、入浴時に一人で頭を洗う、歯磨きをきちんとするなど、周りの子ができることができないこともありました。

その一方で、興味のあることはすぐに覚えました。しかし、イヤイヤ勉強させたことは、翌日には全部忘れてしまいました。こっちをやればあっちを忘れるという具合でした。

小学校3年生の12月に鈴木先生の著書『子どもの脳にいいこと』を知り、読後すぐに先生の面談を受けました。

鈴木先生が親子面談のとき、私たちの目の前でやってくれたフラッシュカードに反応してポンポンポンポンポンと千鶴子が答えを当てたのには驚きました。一緒に行った家内はびっくりして喜びの声を上げたほどです。

本を読んで「なるほど」と思いましたし、親子面談の手ごたえも良かったのですが、EE教育メソッド（エジソン・アインシュタイン教育メソッド）をスタートするまでには1年ほど悩みました。EES協会（エジソン・アインシュタインスクール協会）では体質改善も大切だと言っていますが、私たち夫婦は、今まで食べたもので体ができていると考えたことはありませんでした。

それで、そこまで体質改善をする必要があるのだろうか、と考えてしまったのです。しかし、ほかに改善の方法はなく、子どもの卒業後のことを調べれば調べるほど、私が嫌だなと思う将来像しか出てこないのです。

再度、鈴木先生の東京で行なわれた講演会を聞いて覚悟を決め、5年生になってすぐ夫婦二人でトレーニングセミナーを受けました。その内容に、目からウロコが落ちるような思いをしました。すでに5年生になっていたので、脳が固まってしまう前に学力向上をはかるため、同時に「スマートブレインコース」も体験しました。

・7カ月で100点満点、普通高校進学も射程圏内に

ふたつのセミナーとスマートブレインコースを並行してやり始めると、まず、学校の成績が上がりました。

それまでのテストの点数は、どれも20点か30点で、ケアレスミスも随分目立ちました。それが、1年もしないうちに算数と国語で100点満点を取るようになったのです。とくに、まったくダメだった算数で満点が取れたことには驚きました。また、理科と社会の成績も上がりました。

成績が上がったことで、自信がついたのだと思います。それまでは学校が嫌いで、「いやだいやだ」と毎日、泣き叫ぶ娘を家内が学校へ連れて行っていたのですが、一人で喜んで行くようになりました。今になって思えば、褒められたことがなかったので自信がなくて、周りの環境が怖かったのだろうと思います。

当時、家内は相当ストレスを感じていたと思います。嫌がる娘を毎日学校に連れて行くこともそうですし、家に帰ればしょっちゅう千鶴子にまとわりつかれて家事も思うようにできず、相当精神的に追い込まれているようで心配でした。

中学生になった今では、クラブ活動にも入って勝手に一人でパーっと出かけて行き

ます。友達もできて、周りと比べて明らかな見劣りはなくなりました。

私は、自分のことをモンスターペアレントだとは思っていませんが、実をいえば、学校や教育委員会へ怒鳴り込んだり、校長先生を家に呼びつけて改善を求めたりしたことがあります。子どもは、自分の障害だけでなく、差別やいじめとも戦わなければなりません。ですから私には、親も子どもと一緒に戦い、守ってやらなければいけないという気持ちがありました。その姿を見て、娘は「いざとなったらお父さんが守ってくれる」という自信になったと思っています。

お母さんに全てを任せるのではなく、お父さんも一緒になって家族全員で協力することが大事だと実感しています。


現在は、スマートブレインコースに月2回通っています。中学に入って勉強内容が難しくなったようで、成績は少し落ちました。数学だけ支援学級に通い、他は普通学級に通っています。このままいけば、普通高校へは進学できると思います。

「『一生治りません』と言われたが、服薬する選択をしなくてよかった」

三谷安夫くん（8歳・仮名）・お母さん三谷洋子さん（仮名）

自閉症スペクトラム症候群と診断され、
普通級に入学後、一時期支援級へ。
改善が認められて2年生から普通級へ移動。

・就学前健診で自閉症スペクトラム症候群と診断されて

私自身、障害や自閉症に無縁の世界で生きていたので、発達障害に関する知識はありませんでした。けれども、幼稚園の保育参観などで他の子はみんな座っているのに一人でずっと走り回る、サッカー教室ではみんながボールを追いかけているのに逆の方向に走る、運動している場所から外へ走って逃げる。そんな様子を見て、他の子どもとは違うのではないかと思うようになりました。

幼稚園の帰りに、「家に帰ろう、車に乗ろう」と言っても1時間くらいフラフラ走り回ったりして、車に乗るのも一苦労でした。それも、成長とともに治るどころか、どんどんひどくなっていくのです。スーパーに連れて行くと、お店の商品を投げたり、瓶を割ったりしました。注意をしても、効果は全然ありませんでした。

叱りっぱなしでは逆効果だと思い、私は一呼吸置くようにしていましたが、主人は闇雲に怒る一方で、かえって悪化しているのではと感じました。

とはいえ、小学校の就学前健診を受けるまでは、

「この子はこういう子なんだ、この子が持っているものなのだ。今は小さいからこんな感じだけど、そのうち大きくなれば……」

と思っていたのです。幼稚園からも発達障害の疑いがあるなどとは一切言われていませんでした。

ところが就学前健診がきっかけで、専門の病院で検査したところ、「自閉症スペクトラム症候群」と診断されました。

「この子は一生このままです」

と言われて、涙がこんなにも出るものかと思うほど泣きました。

「この先、生きていけるのかな」
「生きている価値がない子どもなのかな」
と、先のことを考えれば考えるほどドン底で、毎日泣いていました。

・普通級に入るも、支援級に移る

幼稚園と小学校では子どもに対する意見が違ったため、幼稚園まで小学校の先生に見に来ていただき、小学校では普通級に入りました。けれども、入学してすぐの授業参観では、机の下に潜ったり、歩き回ったりと、とても平静に見ていられる状態ではありませんでした。

勉強は、国語や算数などは問題なく普通にやっていたのですが、結局、1年生の6月から支援級に移り、1年生の間は支援級で過ごしました。

このとき、「一生治らない」とは言われていたものの、それでも何か方法があるのではないかと調べていたところ、鈴木先生の本に出会ったのです。

息子は初めての場所ではパニックになりやすく、暴れたり走り回ったり、ちょっとした音にも敏感になって衝動的に叫んだりするのですが、鈴木先生の親子面談では不思議と落ち着いていたことが印象的でした。

鈴木先生からは、うちの子は天才だと言われて、ちょっと前向きになれました。それからトレーニングセミナーを受け、同じ悩みを抱えている親が全国にいることを知り、自分もがんばってみようという気持ちになりました。

食事については私たち家族の健康につながることでしたので、積極的に取り組みました。好きな食べ物はパンやチーズなどで、以前は毎日牛乳も飲んでいましたが、除去しました。できる範囲で身体にいいと言われるものに変えて、栄養補助食品も摂らせました。以前は3〜4日に1回ほどしかお通じがない便秘でしたが、取り組み始めて2年ほどになる今は、2日に1回になりました。低体温だった体温も上がりました。また、毎晩寝る前に脊髄マッサージを行なったこともよかったのでしょうか。いろいろな相乗効果で、衝動的な行動がまったくなくなったのです。

始めてすぐに、自分から
「二学期からはみんなと一緒に集団登校したい」

と言い出しました。しばらくは私も付いて行きましたが、今では集団登校ができるようになりました。

・再三の却下に負けず、2年生から普通級へ

だいぶ改善されてきたので、2年生からは普通級に入れたいと先生に希望を伝えました。ところが最初は、

「今は支援級だから落ち着いてやっていられるのであって、戻ったらまた同じです」

と、却下されてしまいました。それでも何とかしたいと思い、

「本当にあの子は変わったのでお願いします」

と、校長先生にも直々にお伝えしましたが、やはり無理だと言われて、再び却下。どうしても他の子たちと同じ経験をさせてやりたくて、またお願いに行っても、

「それが本当に子どものためになるのですか」

と言われて、また却下されました。

学校側にも教育委員会にも、

「とにかく無理ですから、5年か6年生になったら普通級に戻されてはいかがですか。今はじっくり支援級で……」

と言うばかりで、それ以上話を聞いてくれません。

最後にもう一回だけ、と主人と一緒に学校へ行きました。すると、私もその時初め

て知ったのですが、じつは主人も安夫と同じ障害を持っていたのです。
「息子は自分と同じなんです。人と差別されることが本人にとってはいちばん辛いということを、誰よりも私がいちばんわかっているんです。ですからお願いします」と主人が涙ながらに訴えたことで、学校側も心を動かされたようで、普通級に入れることになりました。

2年生になって、ものすごく仲の良い友達はまだできていませんし、お昼休みも一人で過ごしているようですが、みんなと一緒に居られることが嬉しいようで、本人がいちばん喜んでいます。

今、みんなと集団登校で歩いて行く姿だったり、私が荷物を持っていると「持ってあげる」と言ってくれたり、ドアを開けてくれたりと思いやりが育ってきたところを見ると、ほんとうに嬉しくなります。

医療機関では「一生治りません」と言われましたが、気休めに服薬するような選択をしなくて本当によかったです。私たちと同じ思いをしている親御さんたちには「希望の光は必ずあります」と伝えたいと思っています。

「IQが倍近く伸び、普通級へ」

谷川清治くん（5歳／入会時2歳7カ月）

2歳でIQ60以下。
親子面談を受けた2日後に別人のように変わり
5歳でIQ127＊にまで伸びる。（＊公的なテストによる検査結果）

・自閉症スペクトラムと診断される

2歳のときの清治は、IQが判定不能でした。息子の発達障害に気づいたのは1歳8カ月の頃です。その頃は言葉も単語も出ていませんでしたが、掃除機を見て突然、斜めに見るようになったのが「おかしい」と気づいたきっかけです。生後9カ月から歩き始めたとき、すでに多動の気配もありました。それでも掛かりつけの小児科医からは、「多動ではない」と言われていましたし、「発達障害と診断するにはまだ早い」とも言われました。

それでも不安で、療育センターに電話をしたのですが、診察は半年待ちと言われて、不安がふくらむ一方でした。

4カ月後にようやく専門の先生に診察してもらい、5秒で自閉症スペクトラムと診断されました。

ちょうどその2週間後、私は出産で2週間入院しました。その間に息子を母に預けたのですが、このとき、母が鈴木先生の本を買ってきてくれました。出産後、不安もありましたが、夫と一緒に鈴木先生の面談を受けました。

フラッシュカードで指差しをやったとき、先生に「どっち?」と聞かれて息子が、すぐに指で指したことには、とても驚きました。

「言葉が出ていなくても、ちゃんとモノはわかって認識しているんだな。何もわからないわけではないんだな」

ということが、いちばんの驚きだったのです。帰宅して面談で指導されたことをやってみたら、本当に短期間に、別人のように変わってしまったのです。

夜はなかなか寝ない子だったのですが、なんと、たった2日でぐっすりとよく眠るようになりましたし、私が言っていることも結構わかってくれている気がしました。

フラッシュカードもやり始めて2週間で、びっくりするぐらい言葉が出て、おしゃべりができるようになりました。さらに1カ月経つ頃には、別人になりました。後でセミナーを受けたとき、

「息子は脳が安静になっていないから眠れなかったんだ」

と気づきました。


また、食事改善の効果もあったようです。息子は牛乳や小麦が好きでしたが、アレルギー検査を受けたところ、これらに異常に反応していたのです。他にネギと卵黄にも反応が出ました。これらを全て除去したところ、それまでたまに奇声を発していたのが、ピタッとなくなりました。

保育園では毎日牛乳を飲んでいましたし、麺類やパンも食べていましたが、摂るのを止めたところ、口の周りが荒れたり、発疹ができたりしやすかったのが一切無くなりました。

・IQが倍近く伸び、普通級に進学

知能テストでも大きな伸びを見せてくれました。最初に受けたのは2歳3カ月で、この時のIQは60以下でした。運動能力に関してはIQが102ありましたが、適応・言語・認知・社会性などに関しては60か60以下。「大体1歳2カ月から3カ月の能力ではないでしょうか」と言われました。

EE教育メソッドを始めて1年後、IQは109になり、今では127になっています。ひらがなとカタカナは完璧、漢字も読めます。英語もしゃべることができるようになりました。足し算、掛け算もけっこうできています。同い年の子どもに比べて、ずいぶん勉強が進んでいます。

4月からは、小学校の普通級に進学が決まりました。

今、困っている親御さんには、とにかく早く改善のための実践を始めることをおすすめしたいです。何をしたら良いかまったくわからないとは思いますが、すぐに行動してほしいのです。

EE教育メソッドの相談センターのアドバイスで印象的だったのは、

「あなたのお子さんはできています。それをあなたが認めてあげていないだけです」と言われたことです。電話口ですみませんと言いながら、泣きました。子どもはちゃんとできていたのに、私が求めすぎていただけだったことに気づいたのです。この言葉は頭の隅にいつも置いておくようにしています。また、

「お母さんは優しいだけではいけません。子どもはどんどん賢くなっていくので、親も賢く子どもに接しないといけません。3歳になったら、叱るときはきちんと叱ってください」

という助言もありました。子どもは成長するのですね。子どもに見下されないように、親も成長しなければいけないと痛感しています。

「小児性脳性麻痺と診断されたが、普通級も射程圏内に」

佐村陽輝くん（4歳）・ご両親佐村裕史さん、博美さん

小児性脳性麻痺と診断され、歩けず知能指数も低かったが着実に改善し、今は自立歩行ができるようになり知識も豊か。来春は小学校の普通学級へ！

・小児性脳性麻痺と診断されて

息子の出産時の体重は1609グラムで低体重児でした。ですから、生まれたときから、順調に成長してくれるのか、とても不安でした。普通は生後半年か7カ月ぐらいでしっかりと首がすわるのですが、息子は1歳になっても首がすわらず、お座りもハイハイもできません。

それだけでなく、通常ならできるはずのことが、月齢に達してもできないことが多いように感じられ、発達の遅れを気にするようになりました。

言葉も少し遅いので心配していましたが、「はるき」という自分の名前と、「おかあさん」という単語はスパッと覚えました。それに、ぱっと見た感じ、障害があるようには見えません。笑顔も出ていましたし、声を出して笑っていました。ですから、成長は遅いけれども、もう少ししたら歩くんじゃないかと思っていたのです。

産院では、定期的に要経過観察の検診を受けていましたが、発達が遅いので、1歳半の頃MRI検査を受けました。そのときに、脳室に白い影があることがわかり、「運動系の神経の伝達が滞っている」と言われました。「年齢が小さすぎるため断言はできないけれど、画像を見る限りでは、小児性脳性麻痺でしょう」と言われてしまったのです。

小児科と整形外科にかかるほか、市が運営している発達障害児を診てくれるところを紹介してもらいました。そして、満2歳のときに受けた発達検査で、中度に近い軽度の知的発達障害という診断が出て療育手帳が発行されました。

・今は普通級しか考えていない

親類が鈴木先生の著書を見つけてくれたのがきっかけで、EES協会のことを知りました。まず父親が一人で講演を聴き、翌月親子面談を受けました。鈴木先生が最初に超高速でカードをめくったときのことは今でも覚えています。見たことも聞いたこともないカードを10枚めくって

「アリはどれ？　クモはどれ？」

と聞かれると、息子はじっと見ています。鈴木先生が大人でも聞き取るのがやっとというくらい速いスピードで世界地図の歌を歌うのを聞きながら、地図を見て正しい答えを言えるのです。

鈴木先生の著書を2、3冊読んだものの、半信半疑で親子面談を受けた私ですが、目の前で実際に息子の反応を見ていて、本当にびっくりしました。その後も有名病院をいくつか回りましたが、要観察という反応しかありませんでした。それで、3歳3カ月のとき覚悟を決めてＥＥ教育メソッドに取り組み始めました。

月齢34カ月のときにＥＥ教育メソッドの「発達検査表」でチェックしてみました。そのときは、社会面の発達が19カ月、言語面の発達が23カ月、知覚面が15カ月、身体面での発達が13カ月でした。

その後トレーニングを始めると、社会面と言語面が大きく変わりました。始めてすぐの段階で「お母さん○○して」と言えるようになりましたし、お花を見て「きれいだね、お花だね」と言うようになりました。

超高速楽習カードと英語版ＤＶＤも試してみました。カードは、一度で覚える枚数が少しずつ増えていきました。やがて、途中でカードをフラッシュしていくのを嫌がるようになり、1枚1枚自分で確認して覚えるようになりました。

英語の発音は驚くほどきれいですし、私たちが知らない単語があると、子どもが意味を教えてくれるありさまです。

社会性がついてくると、それまでは家族にしか意識が向かなかったのが、お友達や先生にまで意識が広がっていきました。私がいなくなると泣きますが、先生がそばに来てくれると泣き止むようになって、少しずつ自分の周りのことを見られるようになってきたと感じます。

また、「お母さん荷物置いてくるから、ちょっとだけ待っててね」と言うと「はい」と返事をして待っていられるようにもなりました。

まだ自分一人では歩けませんが、訓練をした結果、杖があれば自立歩行ができるようになっています。

これまでは、お友達が外で遊んでいるのに、いつも窓辺から見ているしかできない、そんな息子の姿を見ていることがいちばん辛かったのです。杖で歩けるようになっても、小さなお子さんから「どうして杖をついているの？」と聞かれると、「はるき、ごめんね」と心の中でわびてしまいます。

でも本人は歩けるだけで嬉しいようで、全然気にせずに行きたいところに行って遊んでいます。そのうちいじめの対象にならないかと考えると辛いのですが、身体能力も低いなりにちゃんと伸びてきていますので、小学校進学までの3年間で取り戻すつもりです。

春からは、普通の幼稚園に通い始めました。いちばん嬉しかったことは、会話が不自由なくできるようになったことです。今では幼稚園の先生も、言葉の遅れがあるようには思いませんと言ってくれています。

現在、ＥＥＳ発達検査表の発達指数値（ＤＱ値）のグラフでは、○が70％で△を合わせると96％に達しています。小学校の普通級も射程圏内に入ってきました。正直、普通級進学しか考えていません。

ＥＥＳ協会のスタッフの方がよく、「陽輝さんは頑張りやさんですね」と言ってくださいますが、私たちも本当によく頑張っているなと感じます。できることが増えると、やはり本人がいちばん嬉しいのだと思います。これからも前向きに頑張っていきます。

2章

発達障害の改善を促す10のポイント

——脳科学の視点

これまで、乳幼児期の家庭教育をベースに発達障害の改善に取り組んできました。すでに6000家族以上の指導を行なってきていますが、そのなかで、家庭教育の改善効果を高めるためにどんなことが必要か、いくつかのポイントがわかってきました。

本書では、親御さんがすぐに実践できるように、それらを10のポイントにまとめています。どれも今日から取り組めることばかりです。

1 発達障害は改善できる。絶対に諦めてはいけない！

子どもは心身ともに未熟な存在です。しかし、未熟であるということは、同時に可能性が無限大にあるということでもあります。

とはいっても、未熟な子どもが、自分から改善のための取り組みをやるわけではありません。その必要性が理解できていませんし、やろうとも思いません。そして、仮にやろうと思ってもできません。

発達障害児と診断される子どもたちは、理性面の発達が遅れている分、感性を使って生きています。だから、五感がものすごく敏感になっており、小さな刺激にも過敏に反応し、過剰にストレスを感じてしまいます。そのことが脳で強い炎症を起こすため、混乱して安定した思考ができません。正しい判断もできず、異常行動が増えてしまうのです。

しかし、五感が敏感であるということはマイナスばかりではありません。感覚が鋭く、脳の一部が過剰に反応しているのです。それは、脳に他の子どもとは異なる特性があるということです。その特性を適切に伸ばせば、やがて天才的な脳力を発揮できるようになります。つまり、天才の卵なのです。

ただし、社会的に評価されて生きていくためには、社会的に自立することが必要です。それができれば、その特殊な脳力を活用して人生を切り開くことも可能になるのです。

子どもを伸ばすには、親が、とくにお母さんが中心になって新しい家庭教育を行ない、改善に取り組むことが大切です。親は子どもにとって、最初で最大の教師であると同時に、最後で最大の砦です。その砦が陥落してしまうと、そこから先は敗北しかありません。

ですから、親は絶対に白旗を上げて降参してはなりません。親が改善を諦めたら、その瞬間にわが子の輝かしい未来はおしまいです。

専門家といわれている医者が何と言おうと、教育者が何と言おうと、心理学者が何と言おうと、絶対に諦めてはいけません。なぜなら、専門家といわれる人たちほど、古いストレス教育にとらわれていて、「改善の失敗者」だからです。彼らが常識だと思っていることは、いずれ非常識になるでしょう。

今の常識が未来の非常識になり、今の非常識が未来の常識になることだってあるのです。ＥＥ教育メソッドが、必ず未来の常識になるでしょう。

〝失敗者〟の言葉に耳を傾けず、わが子の潜在能力（可能性）を信じて取り組めば、その分だけ必ず改善します。とくにＥＥ教育メソッドで効率良く取り組めば、もっともっと改善します。

途方にくれているだけでは、いつまで経っても子どもは改善していきません。お母さんが新しい行動を始めれば、わが子を変えることができるのです。

（鈴木昭平）

【脳科学の視点】 お母さんの愛が、弱った視床下部を元気にする

発達障害の根本原因は、ストレスにもっとも反応しやすい脳の部位である視床下部が、さまざまなストレスによって弱っていることにあります。その弱った視床下部を元気にすることが、発達障害の改善につながります。

それには、どんな方法があるのでしょうか？　脳科学的にいちばん効果的な方法とは、母親が愛を持って子どもの発育に関わることです。すると、視床下部から「愛情ホルモン」であるオキシトシンが分泌され、衝動的な行動を抑えられるようになり、ストレスを徐々に乗り越えられるようになります。

ここで、この章に出てくる「脳科学の視点」の理解の助けになるように、視床下部や扁桃体、帯状回など主な脳の役割について図示しておきます。参考にしてください。もっと詳しくは、4章、5章で述べることにします。

（篠浦伸禎）

脳の部位と役割

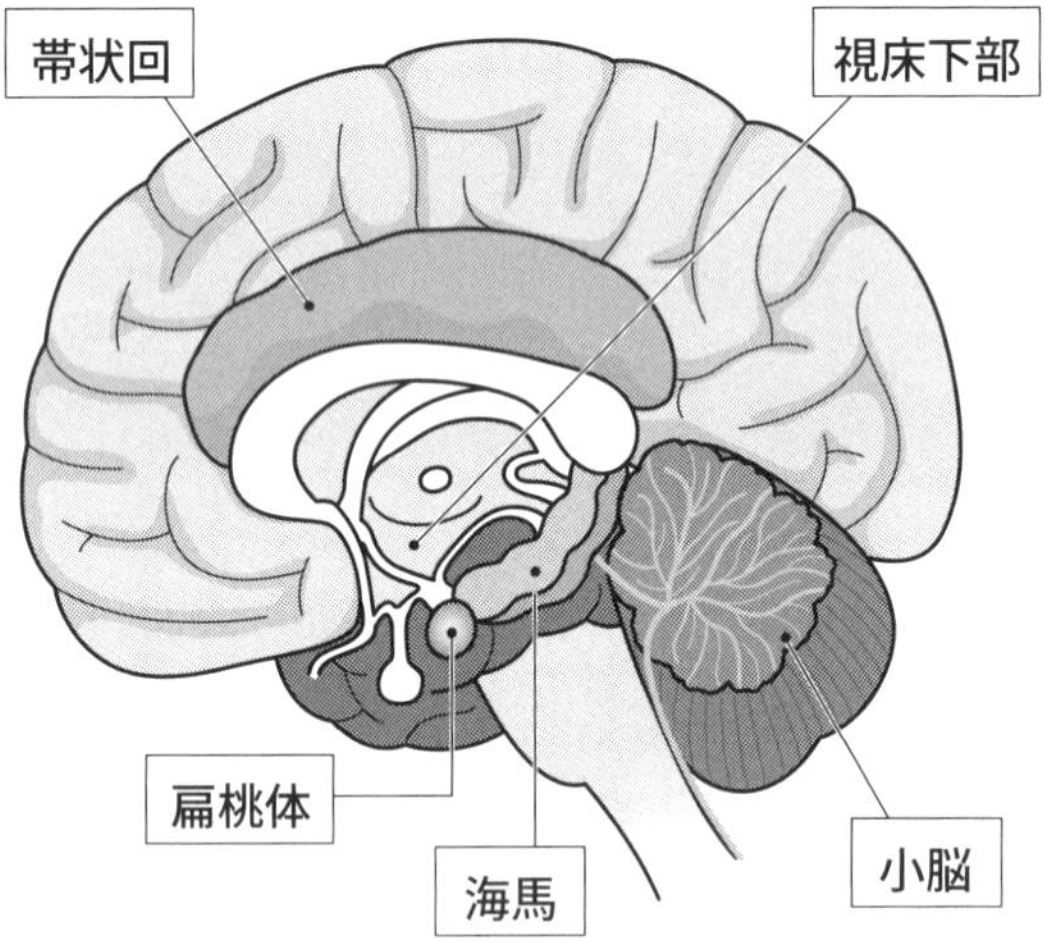

視床下部：自律神経の調節を行なう。体温、血圧などを調節するとともに、食欲、性欲、睡眠などの本能行動及び怒りや不安といった情動行動を調節する。

扁 桃 体：情動の処理に深く関わる。快不快、好き嫌いといった感情を海馬に伝える。また、人の顔を区別する、表情を読み取るといった社会性にも大きく関わる。

帯 状 回：脳全体の司令塔。自我と強く関係する。集中力や気づき、洞察力も帯状回の働きによるもの。呼吸器の調整や情動、認知、空間認知、記憶などにも関わる。

小　　脳：知覚と運動機能の統合。運動が円滑に行なわれるように制御する。「体で覚える」というのは小脳が記憶。

海　　馬：記憶の中枢。五感で感じた刺激はすべて海馬に届けられ保存される。海馬を活性化させることで学習能力アップにつながる。

2 早期発見と早期指導こそ最良の改善策！

6歳までに「基礎能力」を身につけるのがベスト

私たちの人生は、時間で測ることができます。与えられた貴重な時間を、より上手に使って生きることが成功の要です。ビジネスでは当たり前のことですが、こと子育てについては、忘れられているようです。

厳しい言い方になりますが、ご両親が現実逃避をしたり、躊躇したりしていると、その間に貴重な時間がムダに流れ、子どもが改善するチャンスや可能性が縮小していきます。

２０１６年に日本の大隅良典・東京工業大学栄誉教授が、ノーベル生理学・医学賞を受賞しました。受賞対象となったのは、細胞の「自食作用（オートファジー論）」です。じつはこの研究が、ＥＥ教育メソッドの早期発見・早期指導と大きく関わっています。

人間の赤ちゃんの場合、脳細胞とシナプスは1歳近くまでに急増します。その状態は2~3歳までは維持されますが、その後は、使われない不要な脳細胞のシナプスは急激に消滅していきます。これを「刈り込み」といいます。

この現象を起こすのが細胞の自食作用なのです。この作用によって使われていないシナプスは刈り込まれてしまい、脳細胞が複雑な脳内ネットワークを形成するのを妨げるのです。

つまり、幼児期の脳は使えば使うほど複雑で優秀な脳になるのですが、使わないと単純で平凡な脳になってしまい、やがて低いレベルに固定されてしまうということです。

ですから子どもの未来にとっては、6歳からの義務教育よりも、0~6歳までの乳幼児期の家庭教育のほうがはるかに重要なのです。

昔から「三つ子の魂百まで」という諺があります。可塑性の高い乳幼児期のほうが知識を吸収する脳力が高く、とくに3歳までの経験と知識が人間の一生に強く影響するということを、昔の人たちは経験で熟知していたのでしょう。

もし、わが子の発達に異常があると少しでも感じたら、すぐに改善に取り組み始めてください。子どもの脳が固定する前に、できるだけ早く取り組みを始めるほど改善は早いのです。

そのために、今すぐにできることを申し上げます。それは3章でご紹介する、EEＳ教育メソッドの「ＥＥＳ発達検査表」をチェックすることです。そのデータに基づいて、子どもの基礎能力を伸ばす取り組みをすることです。

「過去にできたこと」や「今でもできること」の項目には○印、「もうちょっとでできそう」という項目には△印をつけていきます。大事なことは、○印よりも「もうちょっとでできそう」という項目に△印をつけることです。

△印がたくさん増えると、子どもの伸びる可能性、すなわち改善の可能性が大きくなっていきます。その△印の中でもお母さんが取り組みやすい項目から、ピンポイントで取り組みを始めます。そうすると、比較的短時間で△は○になります。こうすることで、効率的に能力を伸ばしていくことができます。

これまでの検査は、子どもの能力を標準と比較するだけで終わっていました。ですから、子どもの可能性を見つけることができず、せっかくのデータを活かせていませんでした。データに基づいた効率の良い改善指導ができていなかったのです。

それは、一人ひとりの子どもが、今、どの発達段階にあり、どんな可能性があるかをデータで確認し、その可能性に適した取り組みをすることができていなかったからです。

ましてや、他の子どもと比べるなどもっての外です。他人の人生を生きるなど誰もできません。神様でもムリです。そんな無駄なことに時間とエネルギーを費やすのではなく、親がわが子の可能性に集中して時間とエネルギーを効率よく使うべきです。

子どもへのフォーカスの仕方（焦点の合わせ方）が間違っていると、アプローチの仕方も間違ってしまいます。これでは親がいくら時間とエネルギーを使って子どもにいくら働きかけても空回りになり、結局、子どもの改善が遅れてしまいます。

ＥＥ教育メソッドでは、親が子どものデータを取ることによって、わが子の発達状態や問題を客観的に「見える化」します。それに基づいて子どもに働きかけます。それができれば、わが子の発達が手に取るようにわかります。

もう、発達障害という言葉に惑わされてはいけません。あなたのお子さんは、発達障害児ではなく、発達に特性をもっている発達特性児なのです。

医者の「様子を見ましょう」はもっとも危険！

1歳半健診で、発達に軽い異常が感じられた場合でも、医者からは通常「様子を見ましょう」とアドバイスされます。その言葉の真意は、「取り組む手立てが見つかりません」「お手上げ状態です」ということです。

医者の「様子を見ましょう」というアドバイスはこの上なく危険です。それは、脳が発達する乳幼児期の貴重な時間を無為に過ごし、脳の改善のチャンスを奪ってしまうからです。絶対に受け入れてはいけません。

「様子を見ましょう」ということは、特別なことは何もしない、積極的には何も取り組まないということなのです。

可能な限り手を尽くして経過を観察するのなら、「様子を見ましょう」も大いに意味があるでしょう。しかし、何もしないで手をこまねいたまま「様子を見ましょう」では、あまりにも無策です。

それどころか、逆効果になります。脳が柔らかい時期がドンドン過ぎてしまい、改善のチャンスが失われていくからです。

医者は、発達障害の分野については改善経験に乏しく、改善事例や改善方法もよく知りません。改善させる自信が無いため、はじめから白旗を上げているのです。子どもの発達障害のために戦う意欲がないし、まったくの降参状態です。そんな医者と心中してはいけません。

「様子を見ましょう」と言われ、なすすべもなく困惑している間に、貴重な時間がムダにドンドン過ぎていきます。その間に、子どもの脳は急激に固定化してしまいます。軽かった脳の障害がすぐに明確な障害として固定化してしまいます。

医者は脳の障害が固定化した時点で、もはや取り返しがつかなくなった時点で、はじめて「あなたのお子さんは発達障害です」と自信を持って診断を下します。

（鈴木昭平）

【脳科学の視点】時間をこれ以上ムダにしてはいけない

発達障害は、視床下部をはじめとする脳のさまざまな部位の血流が落ち、その結果、機能も落ちてしまうことから起こります。

血流が下がった状態が続くと、脳神経が萎縮して元に戻らなくなります。それを防ぐには、できるだけ早くＥＥ教育メソッドによる教育を始めることが肝要です。

脳は幼ければ幼いほど変わる可能性が高くなります。ですから、早期から脳にいい教育を開始することは、発達障害を防ぎ、改善する上でも非常に重要です。

医者は、残念ながらＥＥ教育メソッドが効果的に発達障害を改善できることを知りません。両親がＥＥ教育メソッドを学び、自ら子どもを教育することがきわめて大事なのです。

（篠浦伸禎）

3 子どもの特性を見つけて大きく伸ばす

わが子を客観的に詳しく知ることがベース

発達障害を短期間に改善するには、わが子の発達状態をできるかぎり詳しく知ることです。それには、わが子を徹底的に研究することから始めましょう。そのためのツールが、本書の3章にある「EES発達検査表」です。

この表をつける適任者は、わが子にいちばん接している親です。とりわけ、お母さんです。EES発達検査表でチェックをしながらわが子と向き合うと、その瞬間から、わが子に対する理解が深まり、改善が始まります。

この表に基づいた子どもへの働きかけの効果は、すぐにはっきりと現われてきます。ですから、EE教育メソッドは「発達検査表に始まり発達検査表に終わる」といっても過言ではありません。

発達検査表の△印の項目を常に意識してください。△印は、子どもに芽生えた発達の可能性を表わしていて、今取り組むべき課題です。△印を意識することで、驚くほど効率的に改善が進み、お母さんのストレスもドンドン軽減されます。

発達検査表は、壁などに貼って、いつでも目に入るようにします。そうしないと、せっかくの発達検査表の効果は半減します。なぜなら人は、情報が視界から消えると、忘れてしまい、行動しなくなる生き物だからです。行動しなければ、子どもは変わりません。時間だけがムダに過ぎます。それでは、改善できません。

壁などに貼ったら、同じ人が定期的にチェックしてください。そしてそのデータの変化に注目してください。そうすることで、子どもの変化を正しく安全に認識できるようになります。

ＥＥ教育メソッドでは、時間をムダにすることを「人生の失敗」と定義しています。わが子の人生を、これ以上絶対に失敗させないでください。

スモールステップで大きな壁を越える

ＥＥ教育メソッドの発達検査表に取り組むときは必ず、△印の項目の中でも親が取り組みやすい項目から取り組みます。それでも、なかなか△が○にならない項目にぶつかったときは、アプローチを変えて取り組みやすいように工夫しなければなりません。

どんなに大きな課題（ビッグ・ステップ）でも、複数の小さな課題（スモール・ステップ）に分解することができます。わが子にとって、ステップが少し高過ぎると感じた場合には、複数の小さいステップに分けて一つ一つのステップを低くしてクリアーさせましょう。多少時間はかかりますが、挫折することはありません。

たとえば、1日にわずか1ミリしか成長しなかったとしても、年間では36・5センチも成長することになるのです。実際には、△印を付けるとき、少し甘く、親バカな視線で見るのです。チョットでもできそうだと思ったら△印にしていいのです。そうすると、△印が増えます。

○印も同じです。8割が目安で1回でもできたら○印にします。このように甘く判定しても、まったく問題はありません。そのほうが子どもはドンドン新しい項目にチャレンジしやすくなるからです。

ＥＥＳ発達検査表の中には、やらないからできていない項目もたくさんあります。ですから、やってみると意外とできてしまいます。3カ月前に甘々で付けた○印の項目が、気が付いたらシッカリとできるようになっていたと気づくことは日常茶飯事です。

（鈴木昭平）

【脳科学の視点】脳のすべての部位の機能に働きかける

発達障害のある脳は、戦闘状態に関わる部位は活性化していますが、平和なときに働く社会性などの部位はあまり働いていません。

ＥＥＳ発達検査表の項目は、脳のすべての部位の機能に対応しています。小さなことでも、一つひとつできる項目を増やしていくと、その分、機能する部位が増えていきます。

大きな壁を一気に乗り越えようとするとストレスになります。大きな壁を小さな壁に分解することで、乗り越えやすくなり、乗り越えるたびに自信をつけ、視床下部にいい影響を与えるでしょう。

（篠浦伸禎）

4 親の笑顔で子どもは変わる

これが発達障害の正しい定義

日本の発達障害者支援法では、発達障害について「自閉症、アスペルガー症候群その他の広汎性発達障害、学習障害、注意欠陥多動性障害その他これに類する脳機能の障害であって、その症状が通常低年齢において発現するもの」と定義されています。

では一体、「発達障害」の「障害」は身体のどの部位で起きているのでしょうか。それはお子さんの脳で起きています。発達障害は、脳のトラブルなのです。お尻やお腹や背中のトラブルではありません。脳で起こっているトラブルなのです。

この脳を動かしているのは血液です。ですから血液の質を上げ、血流を高めれば、それだけ改善の可能性が高まります。つまり、脳の体質改善をすれば良いのです。

この脳の体質改善という概念が、これまでの教育には欠けていました。そのために、これまで発達障害を改善することが難しかったのです。

ＥＥ教育メソッドでは、脳の体質改善が中心になっています。具体的には、食事と睡眠とお母さんの笑顔（目が笑っているレベル）の三つのレベルを上げることで脳の体質改善を行なっています。

お子さんは天才の卵です

脳が一般的な発達とは異なる状態にあるために、普通に判断できず普通に行動できないのです。その状況が異常行動として現われるため、お子さんは発達障害児と診断され、一生改善しないと宣告されるのです。

しかし、ＥＥＳ協会では、そのようには考えていません。お子さんの脳の発達特性が異なっているだけであると考えています。先述したように、発達障害があるといわれる子どもたちの行動をよく観察すると、感覚が非常に敏感であるという特徴が見えてきます。

その分、脳が過剰反応するためバランスを崩しやすく精神が不安定になって混乱しやすいのです。そのために、せっかくの潜在脳力を発揮することもできずにいます。

しかし、感覚が健常児に比べて敏感だということは、言い換えると、脳の一部が健常児よりも過剰に発達しているということでもあります。その特性を認めて褒めて愛して伸ばしてあげれば、天才の域に達することもできるのです。そうです、あなたのお子さんは天才の卵なのです。

その特性をどこまでも伸ばしてあげられれば、未来社会に大きく貢献することも不可能ではありません。

そのためには、社会的に自立できる能力を育てることも必要ですが、ＥＥＳ発達検査表にはそのための基礎能力（０～６歳までに身に付けるべき能力）を伸ばす項目もあります。具体的な内容については、３章で詳しくお話ししています。

子どもに負けないパワーを持ち続ける

ここでもっと大事なことは、まず親が子どもに内在するその天才性を信じることです。「えっ、そんなこと？」と思われるかもしれませんが、親が信じてあげなければ、子どもは変わることはできません。

子育ては、親であるあなたが真の親になるための修行でもあるのです。子どもは必ず成長していくと信じて、前向きに取り組む覚悟を決めてください。親であるあなたが、できない理由を探して逃げていると、子どもは辛いアリ地獄のような状況に突き落とされることになります。真の親になるための修行にもなりません。

では、親がクリアしなければいけない課題とは何でしょうか。

それは、親自身が自分の感情をコントロールして子どもと接することです。それには子どもに負けないパワー（生命力）を持つことが必須条件です。そして日々パワーアップしていくことが大切です。パワーで子どもに負けていたら、指導者として子どもを指導などできません。

感性が敏感な子どもは、親の表情に表れたちょっとした感情にも敏感に反応します。ですから、両親、とくにお母さんが「私は天才の卵を育てているんだ！」とどんなときも明るい気持ちと表情で子どもに接してください。そうしていれば、子どもにもポジティブな感情が伝わり、子どもが感じるストレスが減少し、その分だけ安定します。

子どもと接するときは、必ず笑顔です。しかも、目が笑っているレベルの笑顔です。少なくとも、必ず口角は上げましょう。日頃から目線を上に向けるように心がけることも大切です。目線が上がれば、気持ちもポジティブになります。

辛いこと、悔しいこと、腹が立つことがあったときは、鏡の前で口角を上げて笑顔を作り、過去のことは過去のことと、切り替えて子どもに接しましょう。

両親の関係も、子どもには大きな影響を与えます。子どもの前では絶対にお互いを非難してはいけません。とくに敏感な子どもにとっては、両親の不仲は過剰なストレスになります。そう見せないように、子どもの前だけでも、精一杯に仲良し夫婦を演じてください。これも修業です。

子どもは元気というモノすごいパワーを備えて生まれ、成長していきます。一方、親のパワーは年齢とともに徐々に低下していきます。ですから、親は自分のパワーが低下しないように、日々パワーアップに努めましょう。そのために、すぐに取り組めて元気が出てくる「パワーアップ体操」は助けになります。パワーアップ体操をすると、指先がジーンとなって薄い膜を張ったような感覚になって血流がよくなります。ぜひ、今すぐ試してみてください。


（鈴木昭平）

パワーアップ体操

足を肩幅程度に広げて立ちます。肩の力は抜きましょう。

a

両腕を心臓よりも高く上げて、前に向かってグルグルと5～10回回します。

b

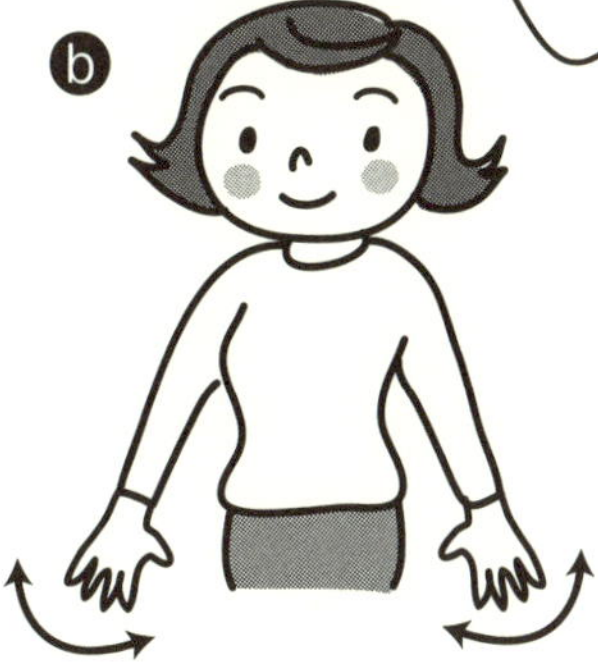

左右の肩と腕の力を抜いて、だらりと下げます。手首を体から少し離して、できるだけすばやく10秒間、ブルブルと振ります。

c

さらに超高速で、小刻みに10秒間振ります。

【脳科学の視点】発達特性を強化すると、競争社会での武器になる

発達障害は戦闘状態の脳が活性化している一方、平和なときに使うコミュニケーションなど社会性の脳の機能が低下している状態です。

ＥＥ教育メソッドで視床下部を活性化し、過剰に活性化した扁桃体を鎮めると、平和なときに使う脳がだんだん活性化してきます。そうすると、戦闘状態の脳は社会性の脳のバランスがとれてきて、社会から認められる天才性を発揮するようになります。

（篠浦伸禎）

5 6歳までは母親中心主義の子育てがいい

お父さんとお母さんの協力関係が大事

ＥＥ教育メソッドの特徴の一つは、お母さん中心主義です。その理由は、0歳から6歳までは、とくに母親との関係が子どもの成長に大きく影響するからです。

子どもは、最初の約10カ月は母親の胎内で育ち、出生後の約1年間は母乳で育ちます。その間は母親と同じリズムで生活します。ですから、母親と子どもは、お互いに共振&共鳴しやすい「音叉の関係」、「送信機と受信機の関係」になっています。

一方、父親の場合は意識的に子どもの周波数に合わせなければ、なかなか通じ合うことができません。ですから、この時期のお父さんのもっとも大切な役割は、お母さんをしっかりと支えることです。

発達障害の改善においても、お父さんとお母さん二人の協力関係がとても大事です。二人の関係が強化されるほど、子どもの改善はスピードアップします。お父さんがお母さんを支えないばかりか、子育てを妨害すると、子どもの改善スピードはダウンします。最悪の場合は、マイナスになることもあるので注意しなければなりません。

子ども中心ではなくお母さん中心で取り組む

一旦夫婦になったら、お互いに未熟な部分があることを認め合いながら協力し合うことが大切です。ときには、自分が正しいと思うことを言いたくなることもあるでしょうが、たとえそれが絶対に正しいことであっても、相手には苦痛になることもあることを忘れてはいけません。

お子さんの発達障害の改善に取り組むとき、もっともいい方針はお母さん中心主義でやることです。子ども中心ではありません。

子ども中心で子育てをすると、だんだん子どもの気持ちを図り切れなくなって迷ってしまい、悩んでしまいます。ＥＥ教育メソッドでは母親中心に取り組むので、迷うことがあっても、お母さんは自分の心に尋ねながら、自分を信じて子どもと向き合うことができます。そして、お父さんは広く大きな愛情でお母さんとお子さんを励ましながら、見守ってください。

（鈴木昭平）

【脳科学の視点】お母さんが自信を持つと子どもの脳が活性化

お母さんが自信を持ち、愛情を持って子どもと接触することで、お母さんと子ども両者の視床下部の血流が上がります。すると、オキシトシンが分泌され、両者が幸せな気分になり、教育効果が上がります。

お母さんは、子どもの改善の程度に一喜一憂せずに教育に取り組むことが大事です。なぜならば、お母さんが動揺すると、それが子どもに伝わり、視床下部の血流を低下させてしまうからです。

視床下部は自信、帯状回は我慢に関わっている脳の部位で、この二つが作用することで社会的な自立を促します。両者があって初めて社会で自立できるようになります。

視床下部は母親的な優しさで活性化します。帯状回は父親的な厳しさで機能し、過剰に活性化している扁桃体をコントロールして、衝動的な行動を抑えます。

（篠浦伸禎）

6 プラスマインド（可能性志向）に徹する

「親ばか」が子どもを伸ばす

成長期の子どもに不可能などありません。子どもの可能性を徹底的に信じて働きかけを続けるという覚悟を決める、そして笑顔でEE教育メソッドに取り組めば、必ずや改善に向かうでしょう。

誰でもその気になって働きかければ必ず伸びます。発達障害があっても同じです。とくに乳幼児期の子どもの場合は、劇的に改善します。

ただし、一人ひとりの個性があり、改善のスピードには違いがあります。そのことを考慮せずに、早く結果が出ないと「改善していない」と決めつけてしまう専門家たちがいます。あるいは、改善スピードが遅いから「発達障害は治らない」と断言する専門家もいます。そうして、何としてもわが子を良くしようと願っている親に、改善のための努力を「諦めさせる」のです。

それは、すべての子どもに内在している「成長する力」に対する冒瀆だとEES協会は考えています。

EES協会では、改善スピードを上げるためにおすすめしていることがあります。それは、脳内における学習ホルモンの分泌を高めることです。

学習ホルモンは別名、快楽ホルモンとも言われるとおり、楽しく学習することで分泌が活発になり、学習効果が促進され、改善スピードのアップにもつながります。

では、子どもが楽しく学習するには何が必要かといいますと、それはお菓子でも、おもちゃでもなく、信頼している人からの笑顔と褒め言葉です。幼い子どもが信頼している人とは両親です。とくに乳幼児期であればお母さんです。お母さんが笑顔で褒めて育てる効果は絶大です。

とくに敏感すぎる子どもに対して、絶対に怒ってはいけません。怒るということは、親が自分の感情処理の矛先を子どもに向けてしまうことです。子どもは柔らかい心に深い傷を受けてしまい、それがトラウマとなり人格を歪めてしまいます。ストレス発散のために怒るということは、一種の乳幼児虐待です。

ＥＥ教育メソッドでは、ＥＥＳ発達検査表の△印の項目の中で、やりやすい項目から取り組み、少しでもできたら「気絶するほど褒めてください」と指導しています。たくさんの褒め言葉を、酸欠になりそうなくらいに一気に言ってほしいのです。それこそ親が気絶しそうになるくらいです（笑）。

褒められたことで子どもの脳内では快楽ホルモンの分泌が活発になります。その効果は抜群ですから、ぜひお試しください。

子どもの可能性を信じ、プラスマインドで子どもを気絶するほど褒める。このように取り組むことで、わが子を大きく伸ばしましょう。「親ばか」くらいがちょうどいいのです。

反対に、「こんなことではダメだ」とマイナスマインドになって、わが子の可能性も信じられず、何に対しても後ろ向きになって、悲観してばかり。取り組みをすることも諦め、わが子は伸びない。こんな親がいたら、まさしく「ばか親」です。絶対にばか親にはならないよう気をつけましょう。

暗示で自己イメージを変える

人間は考える動物です。考えるという働きをするのは脳という臓器です。問題行動の原因も脳という臓器のトラブルにあります。ですから、どのようにわが子の脳に働きかけるかで、問題行動も変わってくるのです。

そのときに、子どもの脳に過剰なストレスを与えることなく、子どもの自己イメージをレベルアップできるのが「暗示効果」です。お母さんが子どもに対して毎日話しかける言葉も、暗示効果をもたらします。

プラスの言葉を語りかければ、ポジティブな自己イメージが出来上がります。マイナスの言葉であれば、ネガティブな自己イメージが出来上がってしまいます。たとえば、我慢ができないところがあっても、「○○ちゃんは、我慢のできる子だね」と話しかければ、我慢ができる自分のセルフイメージが子どもの中で強化されます。

とくに敏感な子どもは親の感情も敏感に察知しますから、語りかけるときにはプラスの感情（プラスの周波数）を込めて話しかけると、さらに暗示効果が高まります。その子どもの脳の血流がいいときに話しかけると、暗示効果はさらに高まります。

ためにおすすめなのが「バスタイム10分間学習法」です。入浴中は血流がよくなり、リラックスしている状態です。暗示効果は少なく見積もっても五割増しと考えてよいでしょう。

入浴中は、記憶力もよくなるといわれ、お風呂でセリフを覚える俳優も多いそうです。たとえば、お風呂に入って1～2分すると脳の血流がよくなりますから、そのタイミングで左の耳に笑顔で「楽しく我慢できます」と囁いてください。きっと短期間で効果が表われてきますよ。

言葉だけでは暗示効果が低いと感じたときは、フラッシュカードを用いるといいでしょう。たとえば、「手を洗う」という言葉を聞いてもピンとこない子どもに、手を洗っている子どものイラストや写真などのカードをフラッシュして見せるのです。すぐにわかるようになります。

叱って伸ばすことも大事

とくに感覚が過敏な子の場合、「気絶するほど褒めて育てる」効果が高いと述べましたが、3歳を過ぎて基礎能力が90％に達したら、今度は叱ることも必要になります。

ただし、「怒る」と「叱る」はまったく別物です。叱るとは、決して怒鳴ることではありません。怒鳴るのは、怒ることです。恐怖によるコントロールにすぎません。

正しく叱るというのは、「やってはいけないこと」を子どもに意識させて、適切な行動に導く指導行為です。

叱るときは「この4つはしてはいけません。どれかをしたら叱ります」と事前にアナウンスしておきます。その4つは、

①わがまま
②いじわる
③うそ
④よくばり

です。壁に貼って、いつでも見えるようにしておいてもいいでしょう。

親が「困ったな」と感じたときは、すぐに叱ります。子どもの耳元にそっと近づき、4つの言葉を2～3回くり返し囁きます。

そうすると、子どもはハッと気が付き、すぐに行動を変えます。これが子どもの脳

内に定着すると、大人になってからも犯罪に近づきません。この4つは犯罪を構成する主な要因だからです。

4つの言葉が子どもの脳内に定着すれば、親がこの世を去り、あの世に行っても、ずっとわが子を守ることができるのです。


（鈴木昭平）

【脳科学の視点】扁桃体をコントロールできるようにする

楽しんで取り組むことは、ストレスで弱っている視床下部を元気にして、オキシトシンの分泌を促します。すると、自然に扁桃体をコントロールできるようになります。それが、発達障害を治すいちばん有効で本質的な方法です。

人間は、何か新しいことを行なうときは大脳を使いますが、その後はほとんど小脳を使って行動しています。良い考え方をくり返し子どもに囁くと、それが小脳に「考え方の型」としてインプットされるため、いちいち考えなくても自然にちゃんとした行動をとれるようになります。

視床下部は、母親的な愛情で機能を高め、扁桃体の過剰な活性化を防ぎます。ですから、子どもの視床下部の機能をよくするには愛情を持って褒めることがいちばんです。

子どもが自信をもったら、父親的な厳しさで帯状回の機能を高め、扁桃体（怒りや不安に関わる部位）や報酬系（快楽に関わる脳内システム）をコントロールできるようにします。つまり、我慢することを覚えさせるのです。

わがまま、いじわる、うそ、欲張りは扁桃体や報酬系が過剰に活性化している状態ですから、それを帯状回でコントロールできるようにする。また、「こうしたことは、やってはいけない」という「考え方の型」を小脳にインプットしておく。そういうことがとても大事です。

（篠浦伸禎）

7 8割主義がちょうどいい

完璧を求めない理由は明らかです。それは、人間が神様ではなく、元々、不完全だからです。ですから、ＥＥ教育メソッドでは、１００％、つまり完璧を親にも子どもにも絶対に求めません。８割主義がちょうどいいのです。

そのほうが現実的ですし、取り組みの持続性が高まって、結局は完璧を求めるよりも最終的には良い結果になります。

たとえば、何らかの食べ物にアレルギーがある子どもの場合、どのような食事の機会にも１００％除去を求めたら、今の日本の社会では生き辛くなります。あまりの面倒くささに、挫折しやすくなります。それでは、せっかく取り組んだ時間と努力も無駄になってしまいます。

先人が言うように、継続は力です。一時的な完璧主義で挫折するくらいなら、２割ほど手を抜いても、努力を継続したほうがよほど良い結果になります。

そもそも、はじめから完璧を求めると、始めることすらできません。ですから、まずはできるところから始めましょう。昨日より今日、今日より明日と、少しずつでも改善スピードが加速できれば、やがて相当なスピードの域に入っていきます。

（鈴木昭平）

【脳科学の視点】完璧を期すると逆効果に

完璧を期すると、子どもにとっても母親にとってもストレスになります。ストレスは扁桃体を刺激する原因となりますから、結果的には逆効果です。

8割主義でいくと、向上することが楽しみになり、視床下部に良い影響を与えるでしょう。

（篠浦伸禎）

8 一人で悩まず、成功者の知恵を活用する

成功するためには、絶対に一人だけで悩まないようにしてください。一人だけで大きな業績を残した人は、有史以来誰もいません。成功者は皆、先人の知恵を借りたり、協力して知恵を出し合ったりしています。ですから、一人で悩むことは、ただの遠回りですし、時間のムダです。

どうせ知恵を借りるなら、自分より優れた人の知恵を借りることが大成功の秘訣です。これがいわゆる「マスターマインドの法則」です。

「成功したかったら成功した人に聞く」こともまた、マスターマインドの法則に当てはまります。一度も成功したことがない人に、成功の方法を聞くことはナンセンスです。成功したことのない人は、成功する方法を体験していないからです。失敗した人は、失敗する方法しか体験していません。

ですから、「発達障害は治らない」と公言する「常識的な専門家である」医者や教育者や心理学者の話を真に受けてはいけません。彼らは、発達障害を改善した経験が乏

しいので、発達障害が改善するとは考えていません。
この人たちはある意味、発達障害の改善について、失敗している人たちといえるでしょう。失敗者たちの言うことだけを聞いていたら、わが子を改善することはできません。

ＥＥＳ協会は、これまでの９年間で６０００以上の家族を対象に、発達障害の改善指導の実績を積み重ね、多くの改善結果を実現してきました。

にわかには信じられないような劇的な改善事例の数々は、会報誌や著書やインターネットを通じて公表してきたとおりです。発達障害の改善指導に関しては、地球史上で最大の実績を積んできていると自負しています。私たちのノウハウを学んで、お子さんの改善に活用していただきたいと思います。

人生には、時間の制約があります。ですから、わざわざ遠回りをして、これ以上、あなたとあなたのお子さんの時間をムダにしないでください。わが子の人生を絶対に失敗させないでください。

一刻も早く成功者の声に学ぶことが、お子さんを大きく伸ばすことに繋がります。

（鈴木昭平）

【脳科学の視点】できるだけ早い段階から治療に取り組むことが大事

後述しますが、ＥＥ教育メソッドは脳科学的にみても発達障害の本質的な原因を治す方法であり、実際成果も上がっています。これを信じて、できるだけ早い段階で治療に取り組むことが大事です。

（篠浦伸禎）

9 脳の体質を改善する

発達障害のいちばんの原因は脳のストレスからくるトラブル

本書の5章で篠浦伸禎先生が説明していらっしゃるように、発達障害のいちばんの原因は、脳のストレスからくるトラブルにあります。これが、発達障害を改善するための重要な視点です。

人間は、動物です。動物の身体は、血液が体中をめぐることで活動できるのです。人間にとっていちばん大切な脳という臓器を動かしているのも血液です。

ところが、さまざまな原因で血液の質が低下し、酸素と栄養素を充分に脳に運ぶことができないと、脳の機能を適正に保つことは難しくなります。ましてや改善となると、困難と言わざるを得ません。

ですから、脳のトラブルを改善するためには、血液の質を向上させることが何より必要なのです。さらには、どんなに良い血液でも、脳の細胞へ届かなければ意味がありません。ですから次に大切なことは、血液の流れ、すなわち血流を良くすることです。

ＥＥ教育メソッドの三つの柱の一つが「脳の体質改善」です。そのために、血液の質の向上と血流の改善に着目しています。これまでの教育には「脳の体質改善」という概念がありませんでした。だから、発達障害についても大きな改善は起こらなかったのです。

脳科学的に発達障害にアプローチするならば、「脳の体質改善」は改善のための絶対条件なのです。ですから、ＥＥ教育メソッドを開始すると、その日から脳の体質改善に取り組むことになります。脳の体質改善のための三つのポイントが食事と睡眠とお母さんの笑顔であることは先述したとおりです。

お母さんの笑顔が学習ホルモンの分泌を促す

発達障害児は、健常児に比べて右脳を多用しているので、五感がとても敏感になっています。このように敏感すぎる子どもに、過剰なストレスを与えるとパニックになってしまいます。そのメカニズムについても、篠浦先生が詳しく解説してくださっています。

もちろん、その子の許容レベル内のストレスであれば問題はないのですが、少しでも許容レベルを超えると、異常行動が始まります。すると脳が興奮し、精神が不安定になります。騒ぐ、目が合わない、大泣きする、奇声を発する、睡眠障害、多動といった発達障害に多く見られる問題行動は、その子の許容レベルを超えたストレスからくるものです。

ですから、すでに何度か述べているように、敏感すぎる子どもの前で親が怒ったり、怒鳴ったり、悔やんだり、悲しんだり、戸惑ったり、悩んだりしてはいけません。敏感な子どもほど、親、とくに母親のマイナス感情からストレスを強く感じて興奮してしまいます。興奮すると、闘争ホルモンであるアドレナリンが脳内で分泌されるため、じっと落ち着いて学習することもできなくなります。

アドレナリンは交感神経を働かせて闘争反応や逃走反応を刺激します。瞬間的に自分の能力を発揮することには適しますが、学習に適したホルモンではないのです。

従来の伝統的な学習法は、いわばストレスをかける教育といえます。ところが、ストレスに敏感な子どもはアドレナリンが分泌されてしまい、興奮して不安定になり、効率的に学ぶことができなくなります。そのような学習法は、まったく非科学的で非合理的で、結果の出にくい学習法なのです。ストレスに耐えながら学んでも、効果がなかなか出ないので、子どもはとても辛いのです。

アドレナリンを分泌しないようにするためには、子どもにストレスではなく安心感を与えることが必要です。そのためにもっとも効果的なのがお母さんの笑顔です。お母さんが笑顔になると、子どもの脳内にはドーパミン、セロトニン、エンドルフィン、ギャバといった学習ホルモンが分泌されます。これらのホルモンは記憶を定着させるなどの学習効果を高める働きをします。

つまり、学習ホルモンであるドーパミンやセロトニンが分泌された状態で学習すれば、短時間で学習効果を上げることができるのです。これが大脳生理学に沿った科学的で合理的な学習法です。

食事が体をつくり脳をつくる

人に限らず、動物も植物も栄養なしには体を維持することができません。では、栄養とは何でしょうか。

ブリタニカ国際大百科事典を見ると、

「栄養」とは生物が外部から必要な物質を摂取し、それを利用して生体を維持し生活する現象。人間が毎日摂取する食物には次の3つの条件が必要で、これがまっとうされることによって栄養は完全なものとなる。

①体の活動に必要なエネルギーを供給すること。
②体の発育および各組織の消耗を補充するために必要な成分を供給すること。
③体の自律調整にあずかり、また組織と体液の間の物理化学的な平衡にあずかる物質を供給すること。

とあります。

とくに人の場合は、食べ物を自分で選んで食べます。ですから、食事が人の体をつくることを認識しているかいないかで、体の状態はかなり違ってきます。にもかかわらず、食べ物にあまりにも無頓着な人が多いことには驚かされるばかりです。

良質な食事の条件は、体に害や悪い影響を与えないことと、体に有益であることの2つをあげることができるでしょう。体に害を与えるものを除き、体に良い影響を与えるものを食べるということです。どちらかだけでは、効果は半減してしまいます。

たとえば、アレルギーの原因物質（アレルゲン）や、有害物質（有害な細菌、自然の動植物がもつ毒、化学物質など）は体に害を与えます。こうしたものを取り除くことが良質な食事につながります。

花粉症の親は、花粉を吸い込まないようマスクをするのに、わが子の食事にアレルゲンや有害物質が含まれることに対しては、なぜ注意を払おうとしないのでしょうか。EES協会を訪れるお子さんたちの多くが、アレルゲンに反応します。「牛乳、小麦粉、卵、過剰な砂糖を止めただけで、驚くほど改善しました」という報告もたくさんいただいています。

子どもに食物アレルギーがあるかどうかを確認するには、まず、お子さんに牛乳や小麦粉などのアレルギーがないか観察してみてください。正確な情報を得るにはアレルギー検査が必要ですが、もし気になったら、手始めに牛乳と小麦粉を1カ月ほど止めてみてください。それだけでも、子どもがこれらの食品に反応しているのかどうかを確認できるでしょう。

脳の機能を高める食事として、ＥＥ教育メソッドでは日本の伝統食をすすめています。

熟睡できるようになると脳の状態も改善する

人は人生の約３分の１を睡眠に費やすといわれています。睡眠は、それだけ重要な役割をもっているのです。

睡眠は脳や内臓などの器官を休めるとともに、消化を促進します。睡眠中は、傷んだ部位の修復作業も行なわれますし、免疫機能も高めます。どんなに良質の食事を摂っても、十分な睡眠をとらなければ体内に入った栄養素はいい働きをしてくれません。

ところが、発達障害といわれる敏感な子どもは、寝つきが悪かったり睡眠が浅かったりして、なかなかぐっすりと眠っていないことが多いのです。なぜかというと、感覚が敏感すぎて眠りが浅くなるからです。ちょっとしたことで目が覚め、深く眠ることができません。

さらに、体にとって有害な食品を摂っていることや、血流が悪いこと、ストレスが多いことなども原因になっています。

良質な睡眠をとるには、お母さんの笑顔を増やし、良質な食事を摂り、お風呂やマッサージなどで血流を良くしてあげることです。次第に睡眠の状態が変わってくるはずです。

熟睡できるようになると、脳の状態が改善してきますし、免疫力も向上しますし、骨や筋肉も強くなって体が丈夫になってきます。これまでできなかったことも、どんどんできるようになっていきます。

（鈴木昭平）

【脳科学の視点】脳の機能を知ると効率的に改善できる

発達障害児は扁桃体がストレスで過剰に活性化しやすく、戦闘状態にかかわる脳の領域のみが活性化しやすくなっています。戦闘状態とは、自分を守るために感覚が過敏になっている状態です。

脳の血流を見ると、特定の部位に血流が集中した状態です。その状態が続くと、それ以外の領域の血流が低下したままになってしまい、コミュニケーションなどの社会性に関わる領域などの機能が鈍ります。そのままだと、脳に障害を与える可能性も高まってしまいます。

こうした理由で、敏感な子どもには過剰なストレスを与えてはいけません。

母親の笑顔を見ると、子どもは安心するので、視床下部の血流が上がります。オキシトシンなどが分泌され、扁桃体がコントロールされ、脳が働き出すので、学習効果が上がるようになります。

発達障害の原因は、最近の脳科学でほぼ明確になりつつあります。詳しくは5章で述べていますが、視床下部の機能が弱っていることが根本的な理由です。その機能を改善するのに効果的なことは、脳にいい食事をとる、睡眠を十分にとる、お母さんの笑顔の3つです。

こうしたことも含めて脳の機能に基づいたEE教育メソッドを活用すれば、発達障害の改善に迷いなく自信を持って取り組むことができます。

（篠浦伸禎）

⑩子どもの周波数に合わせたアプローチ

人間のコミュニケーションは、送信機と受信機の関係です。テレビの場合と同じように、放送局から電波が正しく送られても、周波数が合わなければ受像機に映像は映りませんし、音声も届きません。

発達障害のある敏感な子どもの脳に情報を伝えるには、その子の脳が受信する周波数にチューニングして伝える必要があります。

これまでの定説では、発達障害児は知能指数の数値が低く、感覚は鈍感だとされてきました。ですから今でも世界中の発達障害児の教育は、「ゆっくり何度も繰り返す」ことが基本になっています。その結果は、ご存知のように全滅です。

しかし、30年近い私の経験から、発達障害児の感覚はかなり鋭いことが判明しました。五感を多用して生きてきた分、それぞれの感覚が研ぎ澄まされ、非常に過敏になっています。

このように感覚過敏な発達障害児に、従来のような「ゆっくり&繰り返し」でアプローチをしても、周波数が合わないので伝わりません。ですから、効果はありません。ムダにストレスが加わる分だけ逆効果になります。

彼らの過敏な感覚からすると、スローモーションのようにゆっくり、あるいは止まっているように見えるので、待っていられないのです。

自分に合わない周波数には、強いストレスを感じてしまいます。当然その間に集中が途切れてしまい、視線も泳いでしまいます。

このように、学習に必要な集中、記憶、判断を行なうことができないので、正しく行動することもできません。いつまで経っても、発達障害は改善できないのです。

感覚過敏な子どもに対する適切な周波数と、情報の入力スピードとは相関しています。敏感な子どもには、低速ではなく超高速で視覚と聴覚と触覚に働きかけることです。

私はこれを「超高速楽習法」と呼んでいますが、実際には、超高速でカードをめくりながら、早口でそのカードを読み上げます。

すると、これまで何をやっても目が泳いでいたような子どもが、早くフラッシュされるカードに集中します。内容も全て目で確認し聴き取れていますし、ちゃんと記憶しています。

ですから、あとでカードを1枚取り出して「これは何?」と聞くと、正しく答えることができます。

この様子に目を丸くして、まるでマジックなのではないかと思う親御さんもたくさんいますが、これまでの周波数のチューニングが間違っていたということに他なりません。

なお、超高速楽習法の内容は、義務教育レベルを網羅しているので、高校受験に対応することも可能です。このカードのフラッシュを実践することで義務教育レベルの内容を、実際の年齢よりも早く覚えてしまう子どもも珍しくありません。

授業内容を先取りするので、子どもにとっては、安心して学校の授業に臨める準備ができるという効果もあります。

(鈴木昭平)

【脳科学の視点】戦闘状態の脳にアプローチできる「超高速楽習法」

発達障害は、戦闘状態で使われる脳が活性化している状態であると述べてきました。ですから、発達障害のある子どもの脳は、刺激に対して敏感に反応します。そんな脳には「超高速楽習法」がとても適しているのです。学習の成果が出やすく、自信をつけていくことができます。

（篠浦伸禎）

3章

EES発達検査表で客観的に分析でき、わが子の特性を伸ばせる

(1)EES発達検査表を使って子どもに働きかける(0〜6歳)

最強の発達検査表を使用

ＥＥ教育メソッドでは、オリジナルで、なおかつ地球史上で最強の「ＥＥＳ発達検査表」を使っています。これは、親自身が家庭で子どもの様子を見ながら、子どもの基礎能力の発達度合いを客観的に確認すると当時に、現在の子どもの発達可能性を把握するためのものです。

この発達検査表は、発達障害の有無にかかわらず、６歳（月齢72カ月）までの成長バロメーターとなる５７６の項目を、「社会面」「言語面」「知覚面」「身体面」の四つの分野に分類しています。これらは、学校教育が始まる前の６歳くらいまでに育てておくべき基礎能力を示しています。

この表の目的は、親が子どもの現状を正しく把握し、子どもの発達状態に合った働きかけをサポートすることです。その都度、子どもの進捗状態を確認することもできます。

満6歳の段階で、検査項目の95％に△印がついていれば「到達度95％」と判定し、必要な基礎能力は完成しているとみなすことができます。その到達度は、普通級進学の大まかな目安にもなります。

また、この表は早期教育を開始する時期の目安にもなります。子どもが何歳であっても、この表の全項目のうち9割程度に○印がついていれば、左脳的な教育を受けるために必要な土台が十分にできていると考えて良いからです。

EES発達検査表（普及版）について

本書では、読者のみなさんが今すぐにお子さんの発達度をチェックできるよう、項目を絞った普及版を掲載しています。これは、6歳（月齢72カ月）までに子どもが自立していくために必要な基礎能力576項目（完全版）の半分にあたる288項目で構成されています。

「社会面」「言語面」「知覚面」「身体面」の4分野はそれぞれ72項目になっています。

専門用語を使っていないため、子どもを普段から観察しているお母さんやお父さん、おじいさん・おばあさんが、自分の感覚や観察眼で判断できるようになっています。

ですから、子どもの発達が遅れている分野を把握したいとき、子どもを育てる目安を知りたいとき、子どもの変化や成長を明確に確認したいときの客観的で科学的な指標となります。

EES発達検査表を使って子どもを伸ばす

この検査表には、○印と△印をつける欄が設けられています。

大人の社会でも同様ですが、普通は成果にばかり目が向きます。しかし、子どもの成長においては、とくにそのプロセスが重要です。ですから、ポイントは△印です。「まだ80%のレベルだけれど、もう少しで到達できそう」という状態を表わすのが△印です。
△印の状態の子どもは、表面には見えないけれど、体や脳の中で薄紙を重ねていくように成長を続けています。ですから、△印がついた状態は子どもの成長の兆しなの

です。大切に見守ってください。

まだ○印ではないけれど、もう少し伸びれば○印になる。その状態を把握することによって、お母さんも安心して改善に取り組むことができます。

この表を使うと、親の感覚や抽象的な判断ではなく、子どもの発達の度合いを客観的に理解できるので、漠然と感じていた不安が軽減します。さらに、具体的な個々の項目を見ていると、自然と子どもの現在の課題が見えてくるので、手探りで改善策を模索する必要がなくなり、時間の無駄が極小化され、非常に効率的に改善策を実践することができるようになります。


EES発達検査表を使って子どもを伸ばすために、もっとも大切なのは大げさに褒めることです。
△印や○印がついたら、大きく褒めましょう。それが子どもの心に浸透し、自信となって行動に現われるようになります。それが、次の成長につながります。
とくに、今までできなかったことができそうな気配が少しでも見えたら、「前に比べてこんなことができるようになったね！　すごいね！」と褒めることがコ

ツです。

EE教育メソッドでは、「チョットでもできたら気絶するほど褒める」という〝トンデモナイ指導法〟を親にすすめています。そのための「褒め言葉60のリスト」も用意しています。

毎日、そうした取り組みを積み重ねていると、子どもが自立していくための基礎能力が着実に伸びていきます。空欄に△印がつき、その△印が○印になる項目が増えていくと、子どもの成長に希望が湧いてきます。親も、子どもの可能性と向き合おうと思えるようになります。

EES発達検査表を使い始めたことによって、

「これまではわが子ができないことばかりに頭を悩ましていたのに、見え方がガラリと変わって、できることや優れていることがたくさんあることに気づいた！」

「親の意識次第で、子どもの見え方がまったく変わることにも気づいた！」

という親御さんの声をよく聞きます。

親は、「わが子にはこうであってほしい」という我欲にとらわれて歪んだフィルターで子どもを見てしまいがちです。そのフィルターを外して、わが子のことを客観的に捉えることができるようになって初めて、わが子に備わっている素晴らしい能力に気付けるのです。

しかも、ＥＥＳ発達検査表を使うと毎日の成長を確かめられるので、わが子にも「自ら育つ力」が備わっていることに気付けるはずです。

そうです、この発達検査表には親の意識改革を促す働きもあるのです。

発達検査表が示すこと

子どもの自立のために必要な基礎能力、すなわち我慢と自信、思いやり、知恵、勇気などが発達検査表の各項目に含まれています。

たとえば社会面には、

「『待ってね』と言うと、きちんと待つことができる」

という項目があります。これは、我慢がどの程度まで発達しているかを把握する目安になります。また、

「お友達をなぐさめたり励ましたりできる」

という項目は、思いやりの芽がどの程度まで育っているのかという目安になります。

小学校で学校生活を送るためには、主に言語や論理、理性を司る左脳と、主に五感や情緒、感情を司る右脳の双方がバランスよく発達していくことが必要です。しかし、発達障害のある子どもの脳は、左脳に対して右脳の発達が優位になっているため、五感から入ってくる刺激にとても敏感です。

ですから、そのような右脳の発達に見合うように左脳の発達も促してあげることが大切です。ＥＥＳ発達検査表には、そのために必要な項目があるので、それを目安に働きかけると、左脳の発達を促すことができます。

同時に、「我慢」や「不安を抑える＝自信を持つ」「勇気を持つ」といったことも子どもの成長に必要です。ＥＥＳ発達検査表には、それらに関する項目もありますから、それらを目安に働きかける（少しでもできるようになったら、たっぷりと褒める）と、自己コントロールができるようになっていきます。

基礎能力の到達度が80％以上であれば、小学校では普通級への進学が見込まれます。ＥＥＳ発達検査表はそのための大まかな目安にもなります。

(2) EES発達検査表の使い方

発達検査表のとり方・活かし方

ＥＥＳ発達検査表は誰でも簡単に利用できるようになっています。以下にその使い方を説明しますので、上手に活用してください。

〈EES発達検査表の使い方〉

①本書にある発達検査表（117頁～128頁）をコピーします。
②最初の頁に、お子様の氏名、生年月日、記入者、記入日を書き込みます。
③子どもの様子を思い浮かべながら、発達検査表の288の項目に○印か△印を記入します。
○印はすでにできている項目、△印はもう少しでできそうな項目です。×印は絶対に付けません。

チェックした日付、○印と△印の数は129頁のスケジュール管理表に記入してください。

④一通り記入したら、○印の総数を子どもの月齢数で割ると、出た数字が達成度になります。数字の後ろに%を付け、検査表に記入しておきましょう。後日同じく発達検査表に記入したとき、どれだけ達成率がアップしたか比較することができます。達成度をデータ化すると子どもの変化が一目でわかるようになります。データ化の方法については後述しますのでご参考にしてください。

⑤曜日を決めて、最低でも2週間に一度、できれば1週間に一度のペースで、△印と無印の項目をチェックしてください。

⑥過去の発達検査表の結果を時系列的に比較してみると、以前は△印だった項目のいくつかは○印になっているはずです。それらは「できそうだったことが完全にできるようになった」ことを示しています。一つひとつの小さな変化が積み重なって数字に表われてきます。わずか数%の変化でも、子どもが着実に成長していることを確認できます。

発達検査表をチェックするときのポイント

記入するときの留意点をまとめておきます。

＊○印の判断基準は、達成率80％です。１００％ではありません。80％で○印を付けて良いのです。そして、一回でもできたら○印です。何度もできなくてかまいません。

＊80％以下でも50％以上はできていると思ったら△印を付けます。△印は、もう少しで達成できる発達目標ですから、△印が○印になるよう、子どもと一緒に取り組んでください。

ただし、○印にこだわりすぎないでください。△印を増やすことを心がけるようにすると、自然と新しいことにチャレンジする機会も増え、子どもも飽きません。そして、子どもを褒めながら行なっているうちにいつの間にか○印が増えているはずです。

＊×印を付けないのは、目の前の子どもが今どんな状態であっても１００％伸びる可能性を秘めている、と考えているからです。厳しくチェックすると親子ともにスト

レスになってしまいます。

＊少し甘いくらいの判定でかまいません。△印が増えることで取り組み対象項目が増えるのでやりやすくもなります。△印が付くことで親も前向きな気持ちで子どもに接することができるようになります。親が子どもの可能性を信じる気持ちもどんどん強くなっていきます。

＊発達検査表は、「社会面の発達」、「言語面の発達」、「知覚面の発達」、「身体面の発達」の4分野から構成されていて、分野ごとに72項目が設定されています。これらは、6歳（月齢72カ月）までに自立の基盤をつくるうえで必要な基礎能力です。ですが、月齢にはあまりこだわらないで取り組んでください。発達検査表の並びも気にしないでください。あくまで子どもの特性や達成できている項目を把握するためのものです。

子ども一人ひとりの脳の各分野の発達が全体的に見てどの程度進んでいるかを把握することこそが重要です。そのために最適なのが子どもの成長発達をサポートする「EES発達検査表」なのです。

お子様氏名
生年月日　年　月　日
記入者
記入日　年　月　日

△印	○印	社会面の検査項目1
		人の顔をじっと見つめることがある
		あやすと、にっこり微笑む
		顔を動かして周囲を見渡すしぐさをする
		人を見るとにこっと笑うことがある
		そばに人が居なくなると不安そうになって泣く
		複数の人の中から母親を捜せる
		人見知りをすることがある
		母親と外に出ることを喜ぶ
		手に触れたものを口に入れようとする
		テーブルの上のものが気になって取ろうとする
		寝る時間、起きる時間が安定している
		小動物や動くオモチャに興味を示す
		手に持ったオモチャを大人に手渡しできる
		欲しい物があると近くの人に伝えることができる
		人形や動物のぬいぐるみで遊ぶことを喜ぶ
		赤ちゃんを見ると近づいて触りたがる
		「〜を持ってきて」と言うと、お手伝いしようとする
		自分で上手くできると、パチパチと手をたたいて喜ぶ
		「ダメ」と言うと、ふざけてもっとやろうとする
		何かしたいことがあると、手を引っ張ったりして気を引く
		自分のしたいことには集中して続けることができる
		大人をまねてお手伝い（テーブルを拭くなど）の真似事ができる
		トイレに誘うと2回に1回はオマル（トイレ）で排泄できる
		おしっこをする前や、出た後にそのことを教える

△印	○印	社会面の検査項目2
		欲しい物があっても、言い聞かせれば我慢できる
		怒られそうになると、大人の注意をそらそうとする
		自分が、男の子か女の子かわかっている
		添い寝をすれば一人で寝られる
		一人でもシャツを脱ぎ着できる
		靴を一人で履くことができる
		食事の後片付けを手伝うことができる
		歯磨きの後、自分で口をすすぐことができる
		友達とケンカしたことを言いつけに来る
		他人と、物を貸したり借りたりできる
		ブランコなど遊具で遊ぶとき自分の順番を待てる
		信号の色の決まりがわかる
		一人で服の着替えができる
		ほとんどこぼさないで自分で食事ができる
		兄妹や他の子と自分を比べて嫉妬することがある
		家事のお手伝いができる(洗濯物を運ぶ、食事の用意など)
		服が汚れたら自分で着替えられる
		お腹が空いたとか、眠いとかを言葉で伝えられる
		自分の好きなオモチャや服があると自慢する
		脱いだ服をきちんと畳むことができる
		買物をするにはお金を払うなどの社会ルールがわかっている
		バスや電車で空席が無いときは我慢して立つことができる
		トランプ遊びで大人と一緒に遊べる(ババ抜きなど)
		体が汚れたら自分できれいにする(手足を洗う、鼻水を拭うなど)

△印	○印	社会面の検査項目３
		どんなに夢中で遊んでいてもオモラシをしない
		信号の意味など交通ルールがわかる
		危険な遊びなど、していいこととイケナイことを区別できる
		一つのことに集中して取り組むことができる
		ジャンケンのルールが理解できている
		遊びのルールを理解し守ることができる
		日常の挨拶がきちんとできる
		遊びに行くときは行き先を告げることができる
		自分の家族構成を理解している(父、母、兄、姉、弟、妹、私)
		電車の中など公共の場所でのマナーがわかる
		友達としばらくの間、仲良く遊ぶことができる
		歯磨きや着替えなど身の回りのことはひとりでできる
		年下の子に優しく接することができる(オモチャを貸す、仲間に入れる)
		友達から誘われても嫌なときはハッキリ断ることができる
		横断歩道を一人で安全に渡ることができる
		友達とケンカをしても、すぐに仲直りができる
		集団でやる遊び(すごろくやかるた)で、みんなと仲良く遊ぶことができる
		オモチャ遊びなど、友達と譲り合って使うことができる
		遊んだ後の片づけがみんなとできる
		物やお金を拾ったとき、どうしたら良いかがわかる
		集団生活のルールを理解し、実行できる
		一人で左右を間違わずに正しく、靴を履くことができる
		他人の物を壊したときはキチンと謝ることができる
		遊びや生活のルールを友達に教えることができる

お子様氏名

生年月日　　　　年　　月　　日

記入者

記入日　　　　年　　月　　日

△印	○印	言語面の検査項目１
		大きな声で元気に泣く
		状況によっていろいろな泣き方をする（空腹時など）
		母親の声を聞き分ける
		かん高い声を出すことがある
		親しい人の声を聞き分けられる
		「いないいないばぁ」に反応して喜ぶ
		音楽を聴かせると喜ぶ
		人の言葉を真似しようとする
		怒る、楽しいなどの感情を声で表現する
		「こっちに来て」と話しかけると反応する
		「～はどこ？」と聞くと、物がある方を見る
		「パパ」や「ママ」など意味のある言葉をひとつ言う
		興味があると「アー」と言って意思表示する
		「パパ」「ママ」以外に意味のある言葉を３語くらい発する
		「ちょうだい」と話しかけると渡してくれる
		本を読んでもらいたがる
		「一つ」や「たくさん」などの量の区別ができる
		耳・目・口の区別ができる
		自分の名前を呼ばれると「ハイ」と言う
		「りんご」「キリン」など親の言葉を真似ることがある
		身体の部位名を５つ以上言える（目、手、足など）
		２語文を話せる（「ワンワン、行った」など）
		「もう一つ」の意味がわかる
		したくないことは「イヤ」と言える

△印	○印	言語面の検査項目２
		一人でも絵本を楽しんで見ている
		絵本に出てくるものの名前を指さして言う
		動作を表わす言葉が理解できる（歩く、振る、持つなど）
		鼻、髪、歯、舌、へそなどの区別ができる（３つ以上）
		頼まれたことを理解して行える（机の上の本を持って来てなど）
		「きれいね」「美味しいね」などと感情表現ができる
		大人との会話ができる
		食前・食後の挨拶ができる
		親切にしてもらうと「ありがとう」と言える
		「〜だから」と因果関係を使って話ができる
		友達の名前を１人〜２人言える
		親しい人と電話で話すことができる
		「昨日」「明日」の意味が理解できている
		何に使うものか？　品物の用途を３つ以上言える
		１〜50までの数唱ができる
		指示されたことを3つ以上実行できる（「戸を開けて、皿を出して…」など）
		見たことを順序よく話せる（家から花屋さんを通ってスーパーへ行った、など）
		簡単な問いに正しく答えられる（「お父さんの車の色は？」など）
		１〜20の数字が読める
		反対語が５つ以上理解できる
		20までの数字で、一つ前の数字が言える
		生活体験を話せる（「動物園で象を見た」など）
		間違った文の誤りがわかる（「チューリップは食べ物です」）
		しりとり遊びができる（２人で５つ以上）

△印	○印	言語面の検査項目３
		幼稚園や保育所の先生の名前が一人以上言える
		「ピョンピョン」「てくてく」といった擬態語を正しく使える
		品物の名と用途を10個以上言える（掃除機、時計、茶碗など）
		家族全員の名前を言える
		やさしいなぞなぞ遊びができる（冷たくて白いものなあに？）
		童謡を３曲以上きちんと歌える
		反対語が10以上わかる
		自分の家の住所をきちんと言える
		複数の助数詞を使い分けられる（○個、○枚、○匹など）
		身体の細かい部位まで10個以上言える（睫毛、まぶたなど）
		幼児語をほとんど使わずに話せる
		０から５まで数字と物の数の対応を理解できる
		ひらがながほぼ読める
		「～するもの教えて」と聞くと、3つ以上答えられる（書くもの、着るものなど）
		文の復唱が正しくできる（僕の顔には目が二つ、鼻が一つなど）
		カルタ取りができる（できれば読み手も）
		1～100までの数唱ができる
		自分の誕生日（生年月日）・年齢を言える
		鳥、果物の名前を５種類以上言える
		20→１までの数唱（逆唱）ができる
		今日は何年・何月・何日・何曜日が言える
		物語本のストーリーが理解できる（昔話、童話など）
		１分間に言葉（単語）を20以上言える
		わからないことがあると辞書や図鑑で調べられる

EES発達検査表（普及版）

知覚面

お子様氏名

生年月日　　　年　　月　　日

記入者

記入日　　　年　　月　　日

△印	○印	知覚面の検査項目1
		手を握ったり、開いたりする
		動くもの（玩具や人など）を目で追う
		ガラガラなどを握る
		玩具を舐めて遊ぶ
		自分から手を伸ばしてオモチャを取ろうとする
		小さなものなら摑もうとする
		片方の手に持ったオモチャなどをもう一方の手に持ちかえる
		手に持った積み木を落としたり、拾ったりする
		両手に持ったオモチャを打ち合わせることがある
		手に持った物を放り投げることがある
		自分でストローを使って飲むことができる
		水や砂などの感触を楽しむことがある
		鉛筆を持ちたがる
		一人でコップから飲むことができる
		積み木を2個積み重ねることができる
		玩具を目の前で隠すと自分で取り出せる
		鉛筆を持って殴り書きができる
		コップからコップへと水を移すことがある
		引き出しを開けて物の出し入れができる
		シール貼りができる
		スプーンであまりこぼさずに上手に食べることができる（80%くらい）
		色の種類がわかる（赤・青・黄のどれか一つ）
		紐を穴に通すことができる
		ボタン（スナップ）をはめることができる

△印	○印	知覚面の検査項目２
		１枚ずつ本のページをめくることができる
		４ピースのジグソーパズルができる
		紙を細かくちぎることができる
		ネジのある蓋の開け閉めができる
		粘土をこねたり、伸ばしたり、ちぎったりできる
		お茶碗を片手で持って、もう片方の手でスプーンを使える
		手助けすると、ボタンはめができる
		ヒントを出すと答えられる(家の中で赤い物はなあに？　など)
		どっちが大きいか？　正しく答えられる
		顔の絵をそれらしく描ける
		上・中・下、前・後の違いがわかる
		○△□以外の形(長方形・楕円形・星形・ハートなど)が３つ以上わかる
		積み木を10個、積み重ねることができる
		親指から小指まで順に指を折ることができる
		縦・横の線をまっすぐ引くことができる
		指で２と３を示すことができる
		紙を四つ折りにできる
		ハサミで線に沿って切ることができる
		左と右の区別ができる
		紐を結ぶことができる(固結び)
		箸を正しく持ち、使うことができる
		ハンカチで物を包んで結ぶことができる
		「２番目に大きい」「３番めに長い」など順番がわかる
		５つの物を見せて隠すと、４つ以上答えられる

△印	○印	知覚面の検査項目3
		ピンセットで大豆を摑むことができる
		多くの図形の中から同じ図形を見つけられる
		ハサミで色々な形を切ることができる
		2つの物を見て大小・多少の違いが直感的にわかる
		一週間の曜日がわかる
		色の名称が10個以上言える
		折り紙の端をキチンと揃えて折ることができる
		粘土で人参やウサギを作ることができる
		同じ種類によって分類できる(蜜柑と林檎、ウサギと牛など)
		午前と午後の違いがわかっている
		紙飛行機を自分で折ることができる
		手本を見て簡単な図形を描くことができる
		ハサミと糊を使って工作ができる
		絵描き歌に合わせて絵を描くことができる
		親子でアヤトリができる
		簡単な折り紙(兜、飛行機など)ができる
		順列のルールがわかる(○△□, ○△□, ○…)
		硬貨の種類がわかる(1円、5円、10円、50円、100円、500円)
		積んである積み木の個数がわかる(隠れている部分も含めて)
		何時かがわかる(12時、3時、5時など)
		ブロックで形ある物(家や自動車など)を作れる
		似た図形の違いを見つけられる(五角形と六角形の違いなど)
		経験したことを絵に描くことができる(絵日記など)
		2つの物の性質の違いを説明できる(卵と石、木とガラスの板など)

お子様氏名
生年月日　　　　年　　月　　日
記入者
記入日　　　　年　　月　　日

△印	○印	身体面の検査項目１
		腹這いにしたとき、少しアゴを上げる
		腹這いにしたとき、頭・肩を上げる
		腹這いにしたとき、頭を45度くらい上げる
		腹這いにしたとき、手足をバタバタと動かす
		両足を支えると、足を突っ張って立つ
		仰向けから横に転がる
		仰向けから腹這いに、腹這いから仰向けに寝返りできる
		一人でお座りがしっかりできる
		物に摑まって立っていることができる
		ハイハイで前進ができる
		つたい歩きをすることができる
		手押し車を押して歩くことができる
		高這い(膝をつけずにハイハイ)ができる
		２～３歩、歩くことができる
		安定して一人歩きができる
		しゃがんで床にある物を拾うことができる
		後ずさりすることができる
		速く歩くことができる
		手を支えると、段差のあるところを跨ぐことができる
		高さ20センチ位の台から飛び降りることができる
		手すりに摑まって階段を上り下りすることができる
		体を支えると、ボールを蹴ることができる
		「こっちに来て」と強く引っ張る力がある
		短い距離なら、しっかり走ることができる

△印	○印	身体面の検査項目２
		つま先立ちで２～３歩、歩くことができる
		横転（横にゴロゴロと転がる）ができる
		その場で１～２回ピョンピョン跳ぶことができる
		両腕を広げて真っ直ぐ歩くことができる
		ボールを転がして、目標物に当てることができる
		補助をすると、前転（でんぐり返し）ができる
		足を交互に出して階段を上ることができる
		イス（子ども用）などを持って歩くことができる
		ボールを足で蹴ることができる
		低いところを前かがみになってくぐることができる
		三輪車を自由に走らせることができる
		ジャングルジムに登ることができる
		どちらの足でも片足跳び（ケンケン）ができる
		馬とびの跳び方で台を跳び越すことができる
		水の入ったコップを持って、5メートル位こぼさずに歩くことができる
		45センチ位の高さから飛び降りることができる
		一人でブランコに座ってこぐことができる
		長縄跳びを１回跳ぶことができる
		片足で５秒位立つことができる（両足とも）
		ジャングルジムから降りることができる
		一人で前転が1回できる
		1.5メートル位離れた所から投げたボールを受け取ることができる
		縄跳びを一人で１～２回跳ぶことができる
		鉄棒で前回りができる

△印	○印	身体面の検査項目3
		棒のぼりの棒に5秒位、掴まっていることができる
		野球のボールを2〜4メートル投げることができる
		前後左右に跳んで移動できる
		20センチの高さのゴムひもを跳び越える
		ブランコを立ち乗りで、こぐことができる
		立ち幅跳びで70〜80センチ跳ぶ
		ボールをつくこと(ドリブル)が2回以上連続してできる
		スキップができる
		縄跳びが2回以上連続してできる
		前屈をして、膝を曲げずに足首に触れることができる
		足を押さえると、腹筋の運動ができる
		少し長い距離でも走れる(マラソンができる)
		ボールを投げたり受けたりすることができる
		しゃがんで足首を掴み、アヒルさん歩きが1メートルくらいできる
		足を押さえると、背筋の運動ができる
		片足で10秒位立っていることができる(両足とも)
		前転が2回以上連続してできる
		円の周りをスキップして回ることができる
		棒のぼりが途中くらいまでできる
		40センチの高さのゴム紐を飛び越えられる
		補助をするとブリッジができる
		リズムに合わせて身体を動かすことができる(ラジオ体操など)
		縄跳びが10回以上連続してできる
		鉄棒で逆上がりができる

スケジュール管理表

チェックした日	社会面		言語面		知覚面		身体面	
	△の数	○の数	△の数	○の数	△の数	○の数	△の数	○の数
初めてチェックした結果								
/　/								
2回目以降チェック（以下は△、○それぞれの増加数を記入する）								
/　/								
/　/								
/　/								
/　/								
/　/								
/　/								
/　/								
/　/								
/　/								
/　/								
/　/								
/　/								
/　/								
/　/								
/　/								
/　/								
/　/								
/　/								
/　/								
/　/								
/　/								
/　/								

データ化と可視化で子どもの変化が一目瞭然

ＥＥＳ発達検査表は、そのまま使うだけでも成長の度合いを客観的に把握できます。さらに、時間の経過に伴った改善状況をデータ化して把握できれば、もっと子どもの発達を効果的に促す助けになります。

データ化というと、何か難しい処理をするように感じられるかもしれませんが、本書にあるＥＥＳ発達検査表がそうであるように、家庭で親御さんが処理できるようになっています。

出てくるデータは二つです。その時点での発達レベルを数値化した成長発達指数（ＤＱ値）と、直近で伸びる可能性（伸びしろ）を示す数値、そして、その両者を含めた数値です。

さらに、それらの数値を折れ線グラフにして、一目で改善の様子と変化を見ることもできます。

ＥＥＳ発達検査表に○印や△印を付ける作業をしたあと、こうしたデータ化とグラフ化により可視化しておくと、普段気づかなかった子どもの成長まで確認することができますし、どこをもっと伸ばしていけばいいか、子どもに働きかける目安も得られます。さらに、学校や教育委員会との面談でも、親の希望を客観性のあるデータに基づいて伝えることができます。

ここでは、読者の皆さんが本書にあるＥＥＳ発達検査表に、お子さんの様子を観察しながら○印と△印を記入したあと、どのようにデータ化し、グラフ化するか、その方法を紹介します。

〈簡単にデータ化する方法〉

ⓐ「成長発達指数」、「可能性の数値」、「両者を含めた数値」を出す手順

①ＥＥＳ発達検査表の社会面、言語面、知覚面、身体面に記入されている○印と△印を数え、それぞれの合計数を出す。

各面の○印の合計数は現在の基礎能力の到達度を示し、△印の合計数は伸びる可能性（伸びしろ）を示す。

例社会面の○印が31個、社会面の△印が12個の場合は、社会面の現在の到達度は31で、伸びしろは12となる。

②〇印の平均値を出す。
四つの分野の〇印の合計数÷４＝全体の平均値
ただし、小数点２位以下は切り捨てる。
例社会面31、言語面28、知覚面36、身体面33の場合
31＋28＋36＋33＝１２８　１２８÷４＝32
全体の平均値＝32

③②の平均値を実月齢（＝実年齢）で割り、１００をかけて％を出す。これが「成長発達指数（ＤＱ値）」である。ただし、小数点４位以下は切り捨てる。
成長発達指数が１００％になれば、ＥＥＳ発達検査表にある基礎能力は年齢相応に身についていることになる。
例実年齢が５歳10カ月（＝実月齢が70カ月）の子どもで、〇印の全体の平均値が32の場合は
32÷70＝０・４５７１４で、４位以下を切り捨てると０・４５７となり、
０・４５７×１００＝45・７％
成長発達指数＝45・７％

となる。約45・7％まで基礎能力が身についてきていることになる。

④次に△印の全体の平均値を出す。
△印の全体の平均値＝四つの分野の△印の合計数÷4
ただし、小数点2位以下は切り捨てる。
例社会面12、言語面17、知覚面13、身体面19の場合
12＋17＋13＋19＝61　61÷4＝15・2　全体の平均値＝15・2

⑤④の平均値を実月齢（＝実年齢）で割り、100をかけて％を出す。この数値が「可能性の数値」となる。ただし、小数点4位以下は切り捨てる。
例実年齢が5歳10カ月（＝実月齢が70カ月）の子どもで、△印の全体の平均値が15・2の場合は
15・2÷70＝0・2174で、小数点4位以下を切り捨てるため0・217となり、
0・217×100＝21・7％　可能性の数値＝21・7％

となる。〇印が付くまでには到っていないが、もう少しで〇印になる可能性のある基礎能力が全体の21・7％あることになる。

⑥③の成長発達指数と⑤の可能性の数値を足すと、両者を含めた数値を得ることができる。この数値は、直近で伸びる可能性を含めた成長発達状態を表わしている。

例成長発達指数が45・7％で、可能性の数値が21・7％の場合

45・7＋21・7＝67・4％

直近で伸びる可能性を含めた成長発達状態＝67・4％

読者の皆さんは、①から⑥までの数値を出したあと、135頁にあるデータ記入表をコピーし、そこに一連の数値を記入してください。定期的に記入していきますと、子どもの変化が数字の上にもはっきり表われていることを確認できます。

データ記入表

		／	／	／	／	／	／	／	／	／	／	／	／
社会面	○印の合計数												
	△印の合計数												
言語面	○印の合計数												
	△印の合計数												
知覚面	○印の合計数												
	△印の合計数												
身体面	○印の合計数												
	△印の合計数												
○印の合計数													
○印の平均値													
成長発達指数													
△印の合計数													
△印の平均値													
可能性の数値													
現在の発達度合													

	0	3	6	9	12	15	18	21	24	27	30	33	36	39	42	45	48	51	54	57	60	63	66	69	72
社会面の発達																									
言語面の発達																									
知覚面の発達																									
身体面の発達																									

(b)成長発達度合いが一目でわかるグラフ作り

①ＥＥＳ発達検査表のデータ記入表にある社会面、言語面、知覚面、身体面それぞれの○印の数と、「○印＋△印」の数を利用する。

例社会面の○印が31個で、社会面の△印が12個の場合

・○印＋△印：31＋12＝43

②１３６頁にある記入用のグラフをコピーし、見本のグラフ（次頁のＴくんのグラフ）を参考にしながら、①の○印の数と、「○印＋△印」の数に該当するグラフ上の箇所に点を付ける。点は各面のタテ線の中央に付ける。この作業を各面について行なう。その作業が終わったならば、各面の○印の数に該当するグラフ上の四つの点を実線で、「○印＋△印」の数に該当するグラフ上の四つの点を点線でつなげる（たいていは折れ線になる）。

このグラフ化の作業を定期的にくり返していくと、グラフ上の折れ線の変化を見るだけで、社会面、言語面、知覚面、身体面がどのように発達しているかが一目でわかる。

Tくんのグラフ

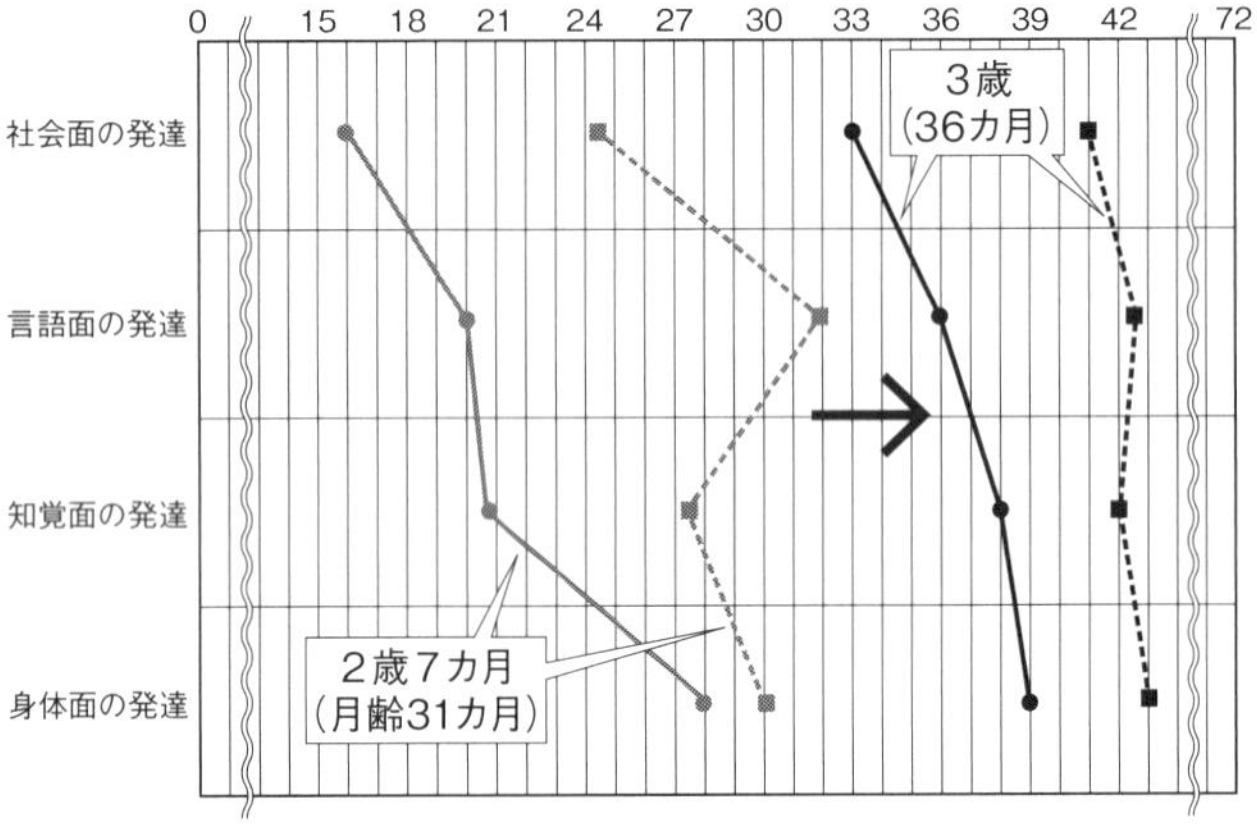

実線は、発達検査表の「○」の合計数を結んだもの。
点線は、発達検査表の「○」と「△」の合計数を結んだもの。

同時期の○印の折れ線と「○印＋△印」の折れ線の間隔は、直近での成長発達の可能性を示している。より広いほうが子どもの伸びしろが大きく、改善のスピードが速くなり、成長発達の確実性が高まることを示している。△印の付いた時点から○印が付くまでの期間が短くなっているからである。

こうしたことを視覚的に読み取ることができるのが、このグラフの特徴である。

③記入するごとに折れ線の色を変えると、さらに変化を視覚的に確認しやすくなる。

(3) 自立の基礎をつくる

発達検査表は、子どもが将来、学校や社会で自立して生きていくための基盤となる基礎能力を身に付けるためのものでもあります。

子どもが本格的に社会生活を送る第一段階は、小学校での学校生活でしょう。そこで毎日元気で過ごしていくためには、社会面、言語面、知覚面、身体面で自立の基盤をつくっておくことが必要ですが、発達検査表は、そのための基礎能力が就学時までに身に付くようにサポートします。それは、さらにその先の人生で生き抜くための人間力の基礎をつくることにもなります。

それを可能にしてあげられるのは、親しかいません。

子どもが社会生活を送るには、「我慢」と「自信」という要素も必要です。さらに、子どもが将来、幸せな人生を歩むためには「思いやり」、「勇気」、「知恵」という要素も必要です。

「思いやり」は、人を幸福にする力です。思いやりを小さいうちに意識させて身に付けさせれば、世界は平和になることでしょう。加えて、勇気と知恵があれば、社会で活躍できる人になります。

発達検査表を使った家庭教育では、こうした自立の基礎、幸せの基礎をつくるために2つのステップを踏むようになっています。

①ファーストステップ＝6歳以下

「基礎能力」を身に付けるとともに、「自信」と「我慢」を身に付けるステップ

②セカンドステップ＝遅くても10歳まで

「基礎能力」、「自信」、「我慢」が身に付いたら、さらに「思いやり」と「勇気」と「知恵」を身に付けるステップ

この2つのステップを段階的に踏まなければ、子どもの脳はうまく育っていきません。まずファーストステップにしっかりと取り組み、必要なことが身に付いたと確認できたら、セカンドステップに切り替えてください。EES発達検査表での目安は、全

項目の90％が達成できたあたりです。

基礎能力、我慢と自信が身に付き、思いやりと知恵と勇気が身に付いていれば、子どもの才能はドンドン伸びてゆくことでしょう。天才児になることも夢ではありません。世界のどんなところへ行っても、幸せに生きていけるでしょう。

では、この2つのステップにおいて、子どもにどんな働きかけをすればいいのか、具体的に説明します。

○ファーストステップ――基礎能力・自信・我慢

基礎能力についてはすでに説明しましたので、ここでは自信と我慢について説明します。

自信とは、自分を信じることです。それがないと、子どもは自立できません。

幼い時期ほど、子どもは親、とくに母親を頼りにします。そんな親が自分を受け入れ、認めてくれることが、子どものなかに自分を信じる力を育てます。

それには親が笑顔で子どもを褒めることがいちばんです。笑顔でないと、褒め言葉をかけられても、子どもは褒められていると感じられないでしょう。子どもは親の言葉よりも、親の表情に敏感に反応します。ですから、たとえ言葉では褒めていても笑顔が伴わなければ、「お母さんは喜んでいない」と子どもは受け取ってしまいます。

いくら言葉をかけても、子どもへの愛情が感じられなければ、子どもはそのことを敏感に察知して、親の言うことに耳をふさぐようになってしまいます。

ですから、子どもがほんの小さな一歩でも前進していることがあったら、お母さんお父さんは笑顔で、最大限の喜びを声にも態度にも表わして、子どもを褒めてあげてください。それが子どもの自信につながります。とくに目が笑っていることが重要です。

発達障害がある子どもは、他の子どもは皆できるのに自分だけができないという経験をすることが多いので、怒られたりすると、ますます不安にかられてしまい、自信を身に付けにくくなります。

自信がない状態は、常に不安というストレスにさらされている状態でもあります。ストレスによって脳が混乱しやすく、自己コントロールができないために問題行動を起こしてしまうことも多くなります。

ですから、子どもに成功体験で自信を身に付けさせ、不安、ストレスを取り除いていくようにしてあげなければなりません。それは、普通級であろうが、支援級であろうが、学校生活を送るうえではとても大切なことです。

ファーストステップにおけるもう一つのテーマが我慢です。子どもが自立し社会化して生きていくためには、自信とセットで最低限の我慢を身に付けることも必要です。それには、親の言葉が大きく影響します。一日に最低でも10回は、こんな言葉を語りかけてあげてください。

「あなたは我慢ができるね」
「○○ができるようになったね、すごいね」
「あなたは思いやりがあるね」
「チャレンジ精神があるね」
「知恵があるね」

何度も聞いているうちに、子どもの中に自分を信じる気持や我慢する気持ちが芽生えてきます。さらにEE教育メソッドでは、次の「5つの魔法の言葉」をくり返して言い聞かせるようにすすめています。もっと自信と我慢が子どもの中に定着していきます。

〈5つの魔法の言葉〉

「あなたは、楽しく我慢できます」

「あなたは、楽しく挨拶ができます」

「あなたは、楽しく思いやりができます」

「あなたは、楽しく学べます」

「あなたは、運がいい。ツイています」


じつは、我慢を覚えさせるには「我慢という回路」を脳内につくってあげなければなりません。

たとえば、子どもの気を引きそうなおもちゃを用意し、「ほしい?」と聞きます。子どもがほしいという意思を見せたら、「あげるからちょっと待ってね」と言って、ゆっくり「1、2、3」と3つ数えます。それから「はい!」と手渡し、「よく待てたね」とたくさん褒めてあげます。

これで我慢を体験できたら、次は少しずつ我慢する時間を長くしていきます。おもちゃを「一度返してね」と言って返してもらい、今度は「1、2、3、4、5」と5

つ数え、また渡してあげ、我慢できたことをたくさん褒めます。この時間を少しずつ長くしていくと、だんだん、我慢できる時間が長くなります。

ただし、子どもが返すことを嫌がったら無理にとりあげるのではなく、ほかのことに意識を向けるなどして、嫌がらないようになったら返してもらいます。

また、親が数を数えるとき、数えながら手を叩くなどして楽しい雰囲気にすると我慢がしやすくなります。これは、「楽しく待つ」「楽しく我慢する」ための学習です。「我慢して待てばおもちゃがもらえる」「我慢して待つといいことがある」とわかれば、子どもはワクワクしながら待てるようになります。

このトレーニングを続けていると、子どもは、待つこと、我慢することを理解して、落ち着いてじっとしていることができるようになります。

ただし、子どもが我慢して待っているときに、親は絶対に約束を破らないでください。せっかく築いた信頼関係を壊してしまいます。

たとえば、家事で手が離せないときに子どもに何かをせがまれ、「後でやってあげる」と言いながら、すっかり忘れてしまうような場合です。「後でやってあげる」というのは、子どもにとってはとても大切な約束です。必ず、やってあげてください。もし約束が守れなかったときは、必ず「ごめんね」と謝ってください。

自信の元となるのは成功体験ですが、発達障害のある子は成功体験が少ないうえに、褒められることも少ないので成功の喜びが足りません。これでは自信が身に付きようがありません。

子どもに自信を身に付けさせるには、たとえどんなに小さな進歩でも、何かができるようになったら大いに褒めましょう。このとき、褒め言葉はバリエーションが豊富なほうが効果的です。そのほうが親の喜びが伝わりやすいからです。

ただし、これは親業ではありません。親修業です。真の親になるための修業の一環です。

○セカンドステップ——思いやり・勇気・知恵

基礎能力と我慢と自信が身に付いたら、次は思いやりと勇気と知恵の回路を脳の中につくるステップに移ります。

思いやりとは、人を幸せにする力です。思いやりが身に付けば、人を攻撃しなくなりますし、命を大切にするようになり、結局はその子自身も幸せになります。

勇気とは、挑戦する気持ちです。挫折を乗り越えても勇気をもって挑戦し続けると、さらに自信が深まり、我慢する気持ちが強くなります。

知恵とは、学んだ情報を組み合わせて問題を解決したり、言葉で相手に自分の考えや気持ちを伝えたりするときに必要な能力です。右脳が発達している子どもに対しては左脳の発達を助けてあげれば、左脳が発達している子どもに対しては右脳の発達を助けてあげれば、知恵の力が育っていきます。

子どもの脳に思いやりや勇気、知恵の回路をつくるには、子どもが好ましいことをしたときにたっぷりと褒めてあげながら、「あなたには○○の力があると思うよ」と子どもの可能性を信じる言葉をどんどん語りかけてください。そうして暗示をかけるのも良い方法です。

子どもに語りかけてほしい言葉の例を挙げておきます。全部使っても良いのです。どんどん語りかけてください。

子どもの可能性を信じる言葉

・最後までやりとげる力があるね
・失敗から学びチャンスに変える力があるね
・物事を受け止め忍耐する力があるね
・自ら進んで物事に取り組む力があるね
・うまくいかないとき、うまくいく方法を考え、工夫する力があるね
・自分の感じていることや思っていることを言える力や勇気があるね
・最後まで一所懸命にする力があるね
・美しいと感じられる力があるね
・新しい物を発見する力があるね
・うまくいくかいかないかを判断する力があるね
・ごめんなさいと言える力があるね
・お金を大切にする力があるね
・好奇心があるね

・元気になる力があるね
・感じる力があるね
・自分を信じる力があるね
・感じ、受け取る力があるね
・楽しむ力があるね
・行動力があるね
・人を優しく思いやる力があるね
・人を大切にする力があるね
・命を大切にする力があるね
・表現力があるね
・想いを込めた感謝の言葉が言える力があるね
・自分で決めて行動する力があるね
・心を込めてありがとうと言える力があるね
・ものを大切にする力があるね
・今ここに留まる力があるね

・自分で起き上がる力があるね
・物事を見極める力があるね
・リズムに乗り楽しめる力があるね
・自分で食べる力があるね
・チャレンジする力があるね
・歩く力があるね
・走る力があるね
・イヤなものはイヤと言える力や勇気があるね
・「よかった」探しをする力があるね

30年前は、当時の常識的な専門家たちから白眼視されていましたが、近頃、ようやく早期教育の重要性が認知されるようになってきました。その結果、お受験対策や子どもの能力を伸ばすために、幼稚園に入る前から、やれ英会話だ、やれ体操教室だ、やれピアノだ、バイオリンだとお稽古をさせ、大変な出費をしている家庭も増えていると聞きます。

しかし、そうした能力開花を目指す前に、人間としての基礎ができていなければ、ただの受験教育の枠に子どもを押し込むだけで、幸福な子どもには育ちません。人間として社会の中で生きていくための基礎能力や自信、我慢、思いやり、勇気、知恵の回路が脳の中につくられていないと、子どもは豊かで幸せな人生とは縁遠くなってしまいますし、社会生活を送るうえでも困ることが多いでしょう。

ＥＥ教育メソッドの家庭教育は、親であれば誰でも取り組むことができます。これまでの古い常識を乗り越えて、本書にあるような脳科学的なアプローチを実践するだけで良いのです。

(4)親の脳タイプを知る

篠浦先生のお考えによると、脳の使い方には、「左脳型」か「右脳型」があるそうです。また、脳の情報処理の仕方の違いによって、「3次元」と「2次元」の2つのタイプがあり、全体としては4つの脳タイプがあるといいます。

それぞれについては、次章で篠浦先生が詳しくご説明くださいますが、その人の考え方や行動をよく説明してくれるものです。また、人と人とのコミュニケーションにおいても、この脳タイプを理解しておくと、とても助けになります。

あるお母さんにとっては、まったく平気なことも、別のお母さんにとっては、大きなストレスになる。こうした違いも、脳のタイプによるものです。ですから、親の脳タイプを理解し、自分の脳タイプに応じて家庭教育を行なっていくと、子どもとのコミュニケーションがとてもスムーズになります。親のストレスが軽減されて、いつも笑顔でお子さんに接することができるようになります。もちろん、子どものストレスも軽減され、発達障害の改善が早くなります。

本書には、篠浦伸禎先生が独自に開発された「篠浦脳活用度診断」を簡易にした「タイプ別性格診断テスト」を掲載しています。

この診断テストは、あくまで脳タイプの傾向を探るための簡易テストです。これで脳タイプが決定するというわけではありませんので、気軽に取り組んでみてください。

脳科学に基づくタイプ別性格診断テスト

「左脳3次元」「左脳2次元」「右脳3次元」「右脳2次元」のそれぞれにある項目を見ながら、当てはまるものは2点、どちらでもないものは1点、当てはまらないものは0点で採点する。ひと通り採点したら、各タイプの点数を合計する。そのなかで合計点数がもっとも高いものが、あなたの脳タイプに該当する。

合計点数が同じになった場合は、2つのタイプの特徴を備えているということになる。また、点数が1点差など僅差の場合も同じ。点数が多いほうのタイプの特徴を強く持っているが、もうひとつのタイプの特徴も持っていることになる。

【左脳3次元】

・冷静に理路整然と話をするほうだ。（　）
・チームの責任者に向いていると思う。（　）
・いわゆる根回しのような活動は苦手だ。（　）
・自分は大器晩成型だと思う。（　）
・即断即決を求められるとストレスを感じる。（　）
・自分が無駄だと思うことは絶対にしたくない。（　）
・自分の実績を数値化することが自信につながる。（　）
・自分の感情は表に出したくない。（　）
・一人で本を読んだり考えたりすることが好きだ。（　）
・宴会で自分の席から動くことは普通はしない。（　）

合計　　点

【左脳2次元】

・強く信じている主義や信念がある。（　）
・規則には忠実に行動したい。（　）
・「君の言うことは正論だが」とよく言われる。（　）
・「怒り」の感情が原動力になることがある。（　）
・ルールや原理原則を守っていると安心感がある。（　）
・小さなことでも気にかかることが多い。（　）
・自分の考え方を他人に当てはめて責めてしまうことがある。（　）
・普段は物静かだが、追い込まれると激情に駆られることがある。（　）
・自分が予測できない事態になるとひどく不安になる。（　）
・喋り方に抑揚がなく声が小さい。（　）

合計　　点

【右脳3次元】

・常にテンションが高く、声が大きいほうだ。（　）
・エネルギッシュだと言われる。（　）
・人を説得するのは得意である。（　）
・交友関係は広いほうだ。（　）
・何か挑戦するものがあるとエネルギーが出る。（　）
・成功して有名になり、周囲の注目を浴びたい。（　）
・政治的に動くのは得意だ。（　）
・過去の失敗は大抵忘れて、成功例しか思い出せない。（　）
・人と違うことをやりたいといつも思っている。（　）
・楽しいことが人一倍好きだ。（　）

合計　　点

【右脳2次元】

・世話好きで困っている人を放っておけない。（　）
・大きな団体よりも小グループのほうが落ち着く。（　）
・人に感謝される仕事をしたい。（　）
・白黒をはっきりつけるのが苦手だ。（　）
・仁義や筋を通すことが重要だと思っている。（　）
・人に会うとまず喜ばせたいと思う。（　）
・自分のことは後回しになることが多い。（　）
・自分の関わった人や教え子・部下が育つことほど嬉しいことはない。（　）
・人間関係が重荷に感じることがある。（　）
・過去を思い出すと悲しいことがたくさんあったと感じる。（　）

合計　　点

【各脳タイプの特徴】

○左脳型と右脳型に分けた場合

・左脳型：人や物事の境界をはっきりさせたい

・右脳型：人や物事の境界をなくし、一体化させたい

○3次元型と2次元型に分けた場合

・3次元型：全体を俯瞰する（広い視野で、客観的な視点で物事を見る）

・2次元型：部分を狭く深くみる

○4タイプの特徴

・左脳3次元（智）：考える人（織田信長、徳川家康、大久保利通）
本質を見るスピードや考え方の変化が早い。目的・目標が明確で、結論から考え始める。情動的な関わりが苦手。

・左脳2次元（信）：支える人（石田三成、明智光秀、江藤新平）
原理原則にこだわって人間関係に問題を起こす。緻密な情報

を元に、物事や考えを整理整頓するのを得意とする。

・右脳3次元（勇）：行動する人（豊臣秀吉、桐野利秋、高杉晋作）
空間の中での動きが早い。思考と発言が同時。周囲を巻き込む力が強い。常に自由で楽しいことや刺激を求める。

・右脳2次元（愛）：尽くす人（前田利家、西郷隆盛、坂本龍馬）
相手に合わせすぎて主体性を失いがちになる。狭くて濃い人間関係をつくる。

4章

脳タイプがわかると発達障害の改善が加速！

脳には4つのタイプがある

脳外科医の私は、とくにこの10年以上は患者の意識がある状態での「覚醒下手術」という最先端レベルの手術を行なってきました。その患者の反応から、左右の脳の機能は明らかに違っているということに確信をもつようになりました。また、人によって脳の使い方が左右どちらかに傾いている、つまり人は左脳型か右脳型に分けられると考えるようになりました。

左脳はいわば「理性の脳」で、人や物の境界をはっきりさせることに快感を覚えます。特色としては、たとえば西洋人は個人と個人の境界が明確で、自己主張も強いですが、こうした性質は左脳型といえます。また攻撃的な傾向がみられます。

一方、右脳の特色は「関係性の脳」という点です。人や物の境界をできるだけなくすことを心地よいと感じます。全体の調和を重視する反面、何か問題が起こると逃避的な傾向を示します。日本人は右脳型といえるでしょう。

脳の使い方ということではもう一つ、「次元」という重要な分け方があります。

これは、脳が情報処理を行なう器官ごとの特徴や、その処理の仕方の違いに基づく分け方です。

人間の脳のメカニズムでは、視覚情報は主に右脳が処理します。まず、目で見た情報がそのまま後頭葉に入ります。つまり、見たままの情報です。これはすべての大元になる情報ですから、この処理を「1次元」と定義します。

次に、後頭葉に集まった情報は、側頭葉の内側に記憶として蓄積します。このときに、扁桃体によって、記憶に情動を付け加える作用が行なわれます。人間関係でたとえると、「Aさん」に会ったとき、「好き」「嫌い」「感じの良い人」などの情動が加わるということです。

このように感情が動いて記憶に加わった結果、「Aさん」の情報の一部分が際だったり、興味を持った部分に対してより深く知ろうという感情が生まれたりします。こうした脳の処理を「2次元」と定義します。

さらに、2次元で処理された情報は、前頭葉や頭頂葉に集められて、情報全体の中で優先順位をつけながら処理していきます。先ほどの「Aさん」の他に、「Bさん」「Cさん」がいた場合、人間関係の深さや、仕事上の関わりの重要度、そしてもちろん好き・嫌いなどの感情面などを加えて総合的に整理をしていきます。

そのうえで、自分の脳をその人のためにどれだけ使うか、どれくらい時間を費やすか、といったことを相対的に考えていくわけです。この段階の脳の情報処理を3次元と定義します。

この2次元と3次元の情報処理と右脳、左脳を組み合わせると、「右脳2次元」「右脳3次元」「左脳2次元」「左脳3次元」の4タイプに分けることができます。それぞれのタイプに応じて、人の性格や行動原理が形作られます。

なお1次元は、2次元と3次元の元となる脳のレベルを表わしているため（たとえば視覚でいうと、人により視力が違います）、脳タイプには組み入れません。

各タイプの簡単な特色は、3章でもご説明しましたが、「人間関係」を例にもう少し詳しくお話ししておきましょう。

左脳3次元は物事を俯瞰し、その本質を摑もうとする特性があります。合理性にこだわるタイプで、情動的な関わりは苦手です。たとえば学校でのいじめが社会問題になっていることに着目し、どのように解決すればいいのかを考えます。

左脳2次元は、ある物事にのめり込んで深く執着し、研究するタイプで、原理原則にこだわります。たとえば、ある生徒がいじめられている事件については、その原因を知りたいと考えます。

右脳3次元は、広い空間を自由に動き回ることに喜びを感じ、空間を拡張したがる傾向があります。自分は自由に広い世界に飛び出て、いろいろなところで人間関係を育みたいと思うタイプです。

右脳2次元は、接する相手に愛情を注ぎ、トコトン尽くします。身近に接する人たちからのさまざまな恵みに感謝するタイプです。


本書では、どなたにもイメージしやすいように、4つのタイプを歴史上の人物に当てはめて説明しています。この4タイプを用いると、偉人たちの行動原理や思考様式などが理解しやすくなるからです。

さらに、タイプ分類によって相性の良し悪しもわかりますので、歴史的事件の背景にあった人間関係がうっすらと見えてきます。人の脳のタイプから歴史を見るのも、非常に興味深いものです。

脳科学に基づくタイプ別相性診断

同じ次元の左脳同士、右脳同士は相性が良いのですが、次元が異なると相性は悪くなります。

まず次元の異なる左脳同士のケースについてお話ししましょう。

歴史上の人物では、織田信長（左脳3次元）と明智光秀（左脳2次元）の関係が典型例です。本能寺の変で、光秀が信長に対して謀反を起こした背景には、二人の脳の相性の悪さが存在していたと私は考えています。

徳川家康（左脳3次元）と石田三成（左脳2次元）も同様の関係です。豊臣家の存続を信念として行動する（ある物事にのめり込んでいる状態の）三成は、それを脅かす家康とは元から相性が悪かったのです。そして、追い詰められた三成は暴走して関ヶ原の戦いまで突き進んでしまいます。正面切った戦いであったために、視野が広く総合的に判断できる左脳3次元の家康が左脳2次元の三成を凌駕します。

次元の異なる右脳同士のケースでは、西郷隆盛（右脳2次元）と桐野利秋（右脳3

次元）の例が挙げられます。西郷は西南戦争をするつもりはありませんでしたが、人がいいために、周囲を巻き込む能力の高い桐野の暴発に乗らざるを得なくなってしまいます。もともと右脳の次元が異なる二人の相性が悪かったことを考えると、西郷が西南戦争を起こしたのは、決して本意ではなかったはずです。

次元が同じでも、脳の左右が異なると相性が悪くなります。

3次元同士の場合で、歴史上の人物で典型的なのが、豊臣秀吉（右脳3次元）と家康（左脳3次元）です。

秀吉は天下を取って以降、物事の本質を摑み、目標に向けて合理的に行動していく家康をもっとも恐れていました。

明治維新の時代では、桐野利秋（右脳3次元）と大久保利通（左脳3次元）の相性が悪かったことも脳タイプの違いで説明できます。周囲を巻き込むことが得意な桐野であっても、冷徹な大久保を前にすると、言葉が出なかったそうです。

2次元同士の場合は、明治維新後の佐賀の乱で敗れた江藤新平（左脳2次元）と西郷隆盛（右脳2次元）の例が挙げられます。江藤は、西郷を頼って薩摩に行きましたが、西郷は協力を拒否しました。左脳2次元特有の原理主義的な、理屈は正しいが人を動かすことのできない江藤に対して、西郷は不信感を抱いていたのでしょう。

好相性な組み合わせはというと、左脳3次元と右脳2次元です。典型例が勝海舟（左脳3次元）と坂本龍馬（右脳2次元）。勝は当時の日本の置かれた状況の本質を摑んでおり、官軍にも幕府にも肩入れしませんでした。一方の坂本は、情の深さが一番の特色、その可愛げのあるところが、勝にも好まれたのでしょう。

こうした相性がわかれば、いくらでも対処のしようがあります。ご夫婦での関係や、自我がはっきりしてきたお子さんとの関係に役立ててください。

左の表は脳タイプ別の相性早見表です。自分から見たそれぞれの脳タイプとの相性を解説しています。ご参考にしてください。

自分＼相手	左脳2次元	左脳3次元	右脳2次元	右脳3次元
右脳2次元	× 頑固な左脳２次元と相手をいつも立てる右脳２次元は理解不能な関係になりがち。相手の重要性を理解すれば、尊重しあえるはず	◎ 孤独になりがちな左脳３次元と情が深い右脳２次元はいい関係。右脳２次元を大切に扱うことで居心地がよくなり、より関係が深くなる	○ 同じタイプなので居心地はいいが、優柔不断で厳しい局面には弱い。厳しい決断ができるようにすると進歩した関係を築ける	○ 右脳２次元のことを振り回しがちだが、右脳２次元の価値の高さを理解し、相手を尊重して学べば、大きな財産になる
右脳3次元	△ 狭い範囲にこだわる左脳２次元と、エネルギッシュな右脳３次元は同じ方向に向かっていけば強力なパワーを発揮	× 本質を追究する左脳３次元と勢いで広がっていきたい右脳３次元は水と油の関係。相手の特徴を理解して尊重することが大事	△ 右脳３次元が本質的なことに向かうよう導くことでお互いにいい方向に向かう。最初から深入りすると振り回されるので注意	○ お互いエネルギッシュ。いいライバルでもあり、尊敬しあえる関係になる
左脳2次元	○ 自分の中にこだわりがあっても、お互い目指す方向は同じなので、うまくやっていくことができる	△ 左脳２次元のこだわりを否定せず、広い心で接し、そのこだわりの中に自分にとってプラスになるものを見つけ、共にのばす努力が必要	× 左脳２次元のことが感覚的に理解困難。時間をかけ、根気よくサポートしてあげることでいい関係を築けるようになる	△ 左脳２次元のこだわりが理解できないが、方向性が一致すれば強い力を発揮する関係になる。相手を理解することが必要
左脳3次元	△ 左脳２次元から見た左脳３次元はいい加減に映りやすいが、左脳３次元を助け、左脳３次元が考える本質的な方向を共に目指せば競争力の強い集団がつくれる	◎ お互い幅広い知識を持ち、分析に優れてる。物事を決断する相談相手にはうってつけ	◎ 大きな壁にぶつかりやすい左脳３次元を必死に支えてあげ、本質を見る視点を教えてあげるとさらに強い信頼関係が築ける	× 左脳３次元の要領の悪さが気になり、理解できないところがあるが、同じ目標を持ってそれぞれの得意な役割を果たせば、お互いの存在が力になる

発達障害の子どもと接する場合の注意点

発達障害のお子さんを持つと、親にとっても当然大きなストレスになります。しかし逆にいうと、お子さんの発達障害をよくしようと自分をいい方向に変えるチャンスでもあります。お子さんの発達障害がどんどん改善するにつれ、自分にも自信がつき、結果として自分自身の脳もより発達することになります。

ＥＥ教育メソッドを実践することで発達障害は改善していきますが、親が自分の脳の使い方のくせやタイプをよく知ることも大事です。

本書では脳の４タイプについて述べてきましたが、ＥＥ教育メソッドの実践の中に親の脳タイプに応じた接し方を加えることで、さらに改善効果を高めることができると私は考えています。

そこで、親の脳タイプごとに、気をつけたいポイントを整理して述べていきます。

○左脳３次元

左脳３次元は本質に興味があり、それに心底納得すれば、その本質を元に合理的に動こうとするタイプです。

その特徴を生かすには、まずこの本を納得するまで何度も読んでください。また鈴木先生の出版した他の本も読んでいただき、ＥＥ教育メソッドが結果を出していること、その結果の背景にある脳科学的な根拠に心の底から納得することが肝要です。

そして、ＥＥ教育メソッドの各項目をチェックしながら、現場に起こったことを毎日記載し、その背景にある本質を考えるようにしてください。

脳のレベルの高い仲間や指導者と議論することもプラスになります。そうすると、発達障害の改善には、愛情や魂が大事であることにおのずと気が付くはずです。

○左脳２次元

左脳２次元は、細かなシステムを構築したり守ったりすることが得意です。その点ＥＥ教育メソッドは、細かな項目をチェックしながら発達状況を数値化できるので、すごくやりやすいはずです。ＥＥ教育メソッドを実行するには、いちばん向いているタイプかもしれません。

ひとつ気を付けることは、鈴木先生がおっしゃるとおり、完璧を目指さないことです。発達障害の改善は一朝一夕にはいきません。もしうまくいかなくて少し疲れたなと思えば、子どもと遊園地に行ったりして、自分も子どもも緩めるようにしてくださ い。会うとほっとできるような友人も大きな助けになります。

根をあまりつめないようにリズムよくやっていきましょう。

○右脳3次元

右脳3次元は、エネルギッシュに行動することが得意です。決められたことを守るのはあまり得意ではないかもしれませんが、極力EE教育メソッドに沿った形で自分の創意工夫も加えていけば、楽しく実行できるはずです。

時間と余裕があれば、子どもを連れて山や海の自然の中で遊んでください。自然の懐に入ることで、発達障害の子どもの脳の回路が癒されていき、自然といい方向に向かうはずです。

自分なりに工夫し楽しんで、EE教育メソッドに取り組んでください。そして、自分のもつ情熱や行動力を子どもにも伝えてください。

○右脳2次元

右脳2次元は、相手のことを思いやる心が強いので、発達障害の子どもの魂と触れ合うことは自然にできるタイプでしょう。逆にいうと、発達検査表に従って厳密にやるのは苦手かもしれませんが、師匠や仲間をつくって励まし合いながらやってはいかがでしょうか。人から学ぶことでさらに多くの気づきが得られます。

右脳2次元はどうしても自分のいる世界が狭くなりがちなので、左脳のレベルの高い友人から学ぶのもいいでしょう。そうすることで、現場に強い自分の幅がさらに広がり、子どもの細かな変化にまで対応できるようになるでしょう。

最後に4タイプに共通することを述べます。それは、子どもの扁桃体・報酬系をあまり活性化させず、子どもが社会に出てからどう社会に貢献できるかという長期的な視点で接することです。

親が扁桃体や報酬系で動く、つまり好き嫌いという感情で動くことは、子どもの扁桃体・報酬系を活性化し、発達障害の改善の足を引っ張ります。親が子どもに、脳のいい使い方を身をもって見せることが最高の教育になります。

（篠浦伸禎）

5章 脳科学から見た発達障害の原因

医学論文も「百聞は一見にしかず」

脳の病気の原因をお話しするために、できれば、さまざまな脳機能の鍵となる部位の特徴を知っておいていただきたいのが、医師としての私の本音です。しかし、医学的な専門知識を持たない方が、論文をたくさん読んで、脳に関する知識を蓄えれば、脳のどの部位にどのような機能があるか（機能局在といいます）を理解できるかといえば、それは簡単ではないと言わざるを得ません。

なぜならば、論文を読めば読むほど混乱する状況だからです。

現代は、膨大な数の脳科学関係の論文が出版されています。そして、あることを主張する論文があれば、それに反対する論文も必ずあるのです。

では、脳の病気の原因に関する真実を知る方法はあるのでしょうか？　私の場合に限っては、脳の各部位が、脳の中でどのような機能や役割を果たしているかを、自分の実感としてわかっていることが重要でした。

私は日頃、覚醒下手術（麻酔で神経を眠らせない状態で行なう手術）を行ない、実際に脳のさまざまな部位に触って、脳の機能がどのように変化するかを自分の目で確かめています。そうすると、ある部位が、どのような機能を果たしているかが現実の実感としてわかってくるのです。

一方、脳科学の論文は、単なる統計処理で脳の機能局在を見ています。だから、さまざまな説が出てきてしまうのです。

推理小説を読むように、発達障害の原因を知る

結局のところ、私の場合は、

「自分の実感からスタートして、もっとも可能性が高い仮説を立て、それを裏付ける論文を見つけることがいちばん正解に近づく手段だ」

と考えています。実際、そうして病気の原因に迫るよう努めています。

病気の特徴から、脳機能のどの部位が鍵となり、その部位がどうなっているのかを想像することは、私が中学生のときに読んだ推理小説に登場する探偵の手法と、まるで同じといってもいいでしょう。

『グリーン家殺人事件』『僧正殺人事件』といった作品に登場する探偵は「そのような犯罪を犯すのは、どのような特徴、性格をもった人物であるか」という犯罪の本質からスタートして、現場の証拠があうかどうかを見て、犯人を推理していました。

発達障害においては、発達障害の本質からみて、脳の各部位の機能がどのようになると発達障害を起こすかを考え、それを裏付ける論文を探すことこそが、真実に近づく方法であると私は考えています。

そのことが、鈴木昭平先生の発達障害の子どもに対する教育（ＥＥ教育メソッド）により、治らないと言われ続けてきた発達障害がなぜ改善できたのか、その理論的な裏付けにもなると思われます。

発達障害の鍵となる脳の部位の特徴

では、発達障害の鍵となる脳の各部位——たとえば、視床下部、扁桃体、ＤＭＮ(Default Mode Network)、左脳・右脳——の特徴について、お話ししましょう。

まず、いちばん大事な部位が視床下部です。これは、ストレスがあったときに中心的な役割を果たします。

ストレスがあるとまず、いわゆる視床下部、下垂体、副腎系が刺激され、副腎髄質ホルモン（アドレナリン）、皮質ホルモン（コルチゾール）が出て、脳は闘争的・活動的になります。それによって、脳はストレスを乗り越えようとするのです。

また、視床下部はホルモンや自律神経を介してもストレスに対抗しようとします。ストレスに対抗するために交感神経を活性化し、血圧や脈拍をあげ、戦闘状態に入ります。

さらに、視床下部はＢＤＮＦ（Brain-Derived Neurotrophic Factor=脳由来神経栄養因子）の分泌に関わっています。ＢＤＮＦとは、ひと言でいえば、脳の神経を成長させ、保護する物質です。具体的には、神経の新生、発達・増殖を促し、神経間ネットワークを強固にし、神経を保護する働きがあります。

私は過去に数回、視床下部を圧迫している頭蓋咽頭腫という脳腫瘍の覚醒下手術を行なったことがあります。そうすると、驚いたことに、腫瘍を摘出中に少し視床下部を押すだけで、意識が落ちるのです。これは、前述のホルモンのような物質のみでは説明できない現象です。

じつは、最近の説では、脳は物質のみならず、電磁波でも働いているという説が有力になってきています。たとえば、不眠症やうつ病、依存症を治すのに有効な「頭蓋電気刺激療法」という治療装置があります。これは、さまざまな周波数の電流を両耳から脳全体に流す装置です。抗うつ剤よりも有効で副作用がない、きわめて有用な治療装置です。

この治療装置が有用な理由は、ストレスにより発生した脳の足の領域にある、異常に活性化した回路を、電流を用いて破壊するからだということがわかっています。つまり、ストレスによりある周波数を持つ脳の特定の回路が異常に活性化することがあり、それが脳に悪影響を及ぼしているわけです。

先ほどの話に戻ると、視床下部が中心となって脳全体を電磁波で活性化しており、それが乱れるので押した瞬間に意識が落ちると考えないと説明が難しいのです。物質が介在しているのであれば、ほんの短時間に脳全体に作用を及ぼすとは考えにくいからです。

視床下部には、覚醒中枢つまり意識を覚醒させる中枢があることがわかっています。しかし、これにかかわる物質ははっきりしていません。私は、おそらく視床下部が電磁波を周囲に発して、脳全体の覚醒を保っているのではないかと推測しています。つまり、視床下部は神経伝達物質のみならず、電磁波などの波動的なもので脳全体を働かせる中心になっているという推測です。

次に、扁桃体について説明しましょう。扁桃体は、ストレスで不安感（右側）や怒り（左側）といった強い感情を引き起こします。その感情（つまりは刺激）が強すぎると、後先を考えない衝動的な行動を促します（Shinoura et al., 2011a）。

それに対して、視床下部は、扁桃体のストレスによる衝動的な行動をコントロールして、和らげようとします。扁桃体にはオキシトシンレセプターという受容体が豊富にあります。視床下部からいわゆる「愛情ホルモン」であるオキシトシンが分泌されることで、コントロールされるようになっているのです（Kirsch et al., 2005）。

扁桃体をコントロールするもう一つの脳の場所が、前部帯状回というＤＭＮ（デフォルト・モード・ネットワーク）の前のほうにある部位になります。ＤＭＮについては後で詳しくお話ししますので、まずは、前部帯状回の役目を把握してください。

たとえば、右側の扁桃体が過剰に活性化すると、パニックになりその場から逃げようとします。このとき、足に起こる衝動的な動きをコントロールするのが、前部帯状回です（Shinoura et al., 2011b）。つまり、帯状回は、ストレスがあってもぐっと我慢して、その場から逃げずにストレスに対処させようという役目をもっているといってよいでしょう。そのようにして帯状回は扁桃体をコントロールしているのです。

このように扁桃体をコントロールする帯状回と視床下部の役割を見ていますと、父親と母親が厳しさと優しい愛情で子どもを育てているようです。帯状回は、父親的に厳しく我慢させて扁桃体から発生する不安感や怒りを抑える機能を持ちます。一方、視床下部は、母親的ともいえる、やさしい愛情をもって扁桃体から発生する不安感や怒りを抑える機能をもつといえます。


ＤＭＮについても説明しましょう。ＤＭＮとは、何もしないときに活動している脳の部位を表わしていて、前部帯状回、後部帯状回などの機能をもつ場所に相当します。ＤＭＮが重要なのは、何もしていない平和なときに脳をリセットし、脳がもっとよく使えるように働くことです。簡潔にいうと、DMNは平和なときに働いて、脳機能のレベルを上げる部位なのです。

ストレスがあるときは、脳は一種戦闘状態になるので、ストレスに対処することが最優先されます。ストレスに対処することで精一杯な状態なので、脳全体の機能は低下してしまいます。

一方、ストレスがない平和時に、「もっとよりよくストレスに対処ができるのではないか」と、脳全体をレベルアップさせるのがDMNの役割です。

たとえば、前部帯状回は運動領（運動神経細胞に神経信号を送って運動を起こさせる領域）と同じくらい大きな神経細胞の集まりで、先ほど述べたように扁桃体が衝動的にストレスに過剰反応するのを我慢させて、やる気を出させる部位です。この前部帯状回が活性化すると、脳全体がよりよく使えるようになります。

後部帯状回は、「自分はいつどこで何をしているか」ということを客観的にモニターしており、この機能が落ちるとアルツハイマー病になります。扁桃体が過剰に活性化すると、不安感や怒りが感情の主体となり、自分の現状を客観的にモニターできなくなりますが、後部帯状回が働いて自分を客観的に観察できるようになると、脳全体が働き出し、脳をよりよく使えるようになります。
結果として、前部と後部の帯状回は、扁桃体の暴走を抑え大脳新皮質をよりよく働かせるための司令塔といってよいでしょう。帯状回は大脳辺縁系と大脳新皮質の間にあり、ちょうど両方から神経線維が集まりやすい場所にあるのでこのような機能があるのでしょう。

先ほどストレスにより足の領域に異常な回路ができる（＝逃げ出そうとする）と述べました。その理由は、戦闘状態になり、強いストレスにさらされると逃げるか、あるいは戦うか、何れにしても足を使うことになるので、その回路が異常に活性化するわけです。
これは、脳の一部が反射的に働いている状態です。自分を守るために必要な反応ですが、これがずっと続くと、脳全体を使うことはできなくなります。これが、発達障害の大きな原因になるのです（詳しくは次項で説明します）。

最後に、大脳新皮質に属する「左脳」と「右脳」についてお話ししておきましょう。

左脳には、読み書きなどの言語機能があります。一方、右脳には、空間に対して瞬間的に対応する機能があります。たとえば、人の表情を見て怒っているのか喜んでいるのか、つまりどのような感情なのかを瞬時に推測するといった働きをします。

このような左脳と右脳の機能がうまく連動しないことが、発達障害の症状と関わっています。

脳の部位から見た発達障害の原因

発達障害のＡＳＤ（Autism Spectrum Disorder：自閉症スペクトラム）とＡＤＨＤ（attention deficit/hyperactivity disorder：注意欠陥／多動性障害）には、共通した特徴があります。それは、きわめてストレスに弱く、ストレスに過剰反応をするということです。

発達障害のある子は、正常に発育をしている子どもに比べてストレスを適切に処理する能力に欠けています。つまり、ストレスがあると、奇声を発したり、異常行動をしたり、集中力をなくしたりするのです。では、発達障害のある子どもにおける脳の各部位では、何が起こっているのでしょうか。

最近、発達障害のある子どもの脳に起こっている最大の問題は、視床下部と扁桃体の機能が異常になっていることだとわかってきました（Aoki et al., 2015）。

先ほど述べたように、ストレスによって視床下部と扁桃体が活性化します。ストレスが短期間で、自分の許容内であれば、脳の発育にプラスになります。しかし、ストレスが許容量を越えたり、長期にわたって続いたりすると、視床下部や扁桃体の機能異常をきたします。この状態が発達障害の主要な原因となります。

視床下部はストレスに対して適切に反応し乗り越えようとします。しかし、扁桃体が視床下部にコントロールされていない状態、つまりオキシトシンによるコントロールがうまくいっていない状態であると、扁桃体が過剰に活性化して、戦闘状態に関わる脳の領域のみが発達し、それ以外の部位の発達が遅れます。

ＡＳＤの治療にオキシトシンの点鼻が有効なのは、扁桃体をコントロールしやすくするためです。(Hollander et al., 2007)。ＡＤＨＤについても、視床下部のストレスへの反応が悪いことが報告されています（Ma et al., 2011）。

視床下部にはＢＤＮＦを分泌して脳神経の成長を促す働きがありますが、扁桃体の横やりが入ると、ＢＤＮＦを分泌しても戦闘状態に役立つ部位しか発育しないといってよいでしょう（Simsek et al., 2016; Saghazadeh et al., 2017）。

そうなると、平和なときに成熟していくＤＭＮの働きに異常をきたします。たとえばＡＳＤは、ＤＭＮと、周囲の大脳新皮質の社会に対応する機能をもつ脳、たとえば人の表情を読み取り感情を推測するような機能をもつ脳とがうまくつながっていないと報告されています（Yerys et al., 2015）。

こうなると、周囲とコミュニケーションがうまくとれず、行動や興味が限定されて、ストレスに異常な反応を起こすようになります。

ＡＤＨＤの場合は、前部帯状回の機能が低下し、ストレスによる扁桃体の過剰な活性化が抑えられていないことがわかっています（Wilson et al., 2013; Maier et al., 2014; Ayhan et al., 2018）。

前部帯状回の機能が低下すると、ストレスで扁桃体が過剰に活性化し、戦闘に必要な足の領域が過剰に活性化されるので、衝動的に動き回ったり、戦闘状態になったりしやすくなります。すると、平穏な心で物事にじっくりと集中して取り組む機能をもつ右の前頭葉の機能が落ちてしまうのです。

では、同じストレスがあっても、ＡＳＤになる子どもとＡＤＨＤになる子どもがいるのはなぜでしょうか。

これには、遺伝子が関与しているものと思われます（Franke B et al., 2012）。同じストレスを受けても、どの部位がダメージを受けやすいかは遺伝的に個人差があります。そのため、さまざまな発達障害に分かれていくわけです。

とくに遺伝的な要素が強い発達障害が、失読症（dyslexia＝ディスレクシア）です。失読症の発症にもストレスが関係しており、扁桃体やＤＭＮを含む左半球の異常が画像で指摘されています（Casanova et al., 2005; Buchweitz et al., 2018）。

発達障害の原因の本質は、視床下部の機能低下にあります。そのために、ストレスによって扁桃体が過剰に活性化しやすくなり、戦闘的な脳の部位が活性化しますが、それ以外の部位は活性化しないのです。

発達障害のある子どもが、長い時間ストレスを受け続けると、機能が落ちた場所の血流低下が長く続くようになります。こうなると治療が極めて困難になります。ＥＥ教育メソッドでできるだけ早期に改善の取り組みを開始すべきであるというのは、ここからきています。

ＥＥ教育メソッドで発達障害が改善する理由

では、なぜＥＥ教育メソッドが効果的なのでしょうか。その理由を、脳科学的に解析しましょう。

ＥＥ教育メソッドで多くの発達障害のある子どもが改善しているのは、まぎれもない事実です。

なぜ、遺伝であり、改善しないといわれている発達障害がＥＥ教育メソッドで改善するのでしょうか。それは、ＥＥ教育メソッドは、発達障害の本質的な原因を改善する方法だからです。

発達障害のある子どもの脳は、視床下部の機能が落ちているため扁桃体が過剰に活性化し、戦闘状態に関わる脳のみが働いている状態にあると述べました。これを改善するには、視床下部の機能をよくすることが根本的な解決法です。それにいちばん効果的なのが、母親が子どもと向き合って愛情を注ぐことなのです。ＥＥ教育メソッドでは、子どもをよく見て、うまくいったら抱きしめ、気絶するくらい褒めることをすすめています。そうすることにより、発達障害のある子どもの視床下部の血流が増え、オキシトシンが分泌され、扁桃体がコントロールできるようになるからです。

視床下部が元気になるためには、自信をつけさせることも大事です。それには、発達に必要な能力を細かく分け、少しでも能力が改善したら褒めていると、子どもはどんどん自信をもっていきます。これは、ＥＥ教育メソッドが独自に開発した発達検査表で実現されています。

また、ＥＥ教育メソッドの特色の一つである超高速学習も効果があります。その理由は、これは私の推測になりますが、発達障害のある子どもの脳が戦闘状態になりやすいので、早く動くものに興味を持ちやすいのかもしれません。おそらく、不安感がある状態では敵におびえているので、どうしても早く動くものに注意が向きやすいのでしょう。

ＡＳＤ、ＡＤＨＤは右脳の平和に関わる一部の部位の機能低下が起こっている状態です。母親ができるだけ子どもに接する時間をつくると、平和に関わる右脳の部位が活性化していきます。右脳は、人と関係することで刺激を受ける脳だからです。

母親が愛情を注ぐことで子どもの視床下部を活性化させ、扁桃体をコントロールできるようにする。それがかなりできるようになったら、もうひとつの鍵となる部位である帯状回を刺激して、さらに扁桃体がコントロールできるようにする。つまり、我慢を覚えさせるのです。

このようにＥＥ教育メソッドは発達障害に関係する脳の部位すべてに働きかけて機能を改善しているので、奇跡的な変化が起こっているのです。

発達障害には、悪い食習慣も関わっています。カゼインやグルテンをできるだけ避けないと、やはり脳がストレスを受けてしまいます。また、運動も大事です。これらを改善しながら、ＥＥ教育メソッドは総合的に発達障害の改善をすすめています。

発達障害はストレスによって、遺伝的に弱い部分の血流が低下することも影響しています。できるだけ発達障害が軽い段階でＥＥ教育メソッドに取り組み、血流を増やして、弱い遺伝子が働かないようにするのが肝要でしょう。また、血流が落ち続けると、脳が萎縮して元に戻らなくなるので、そういう意味でも早期の治療が必要です。

発達障害の場合、戦闘状態の脳が異常に活性化するとお話ししましたが、そのままでは社会の中で生きていくのが難しくなります。ですが、EE教育メソッドによって、平和なときに働く脳の領域が働き出すと、社会で生きやすくなります。そうなると、戦闘状態の脳は社会で生きていく武器にもなりますし、天才性を発揮しうるようになります。

アインシュタインもエジソンも発達障害ですが、家族の愛情により社会的な能力が人並みになったため、逆に、物にこだわり、考えたり発明したりする発達障害特有の症状が、人よりも優れた能力として社会で生きていく武器になりました。そういう意味でも、EE教育メソッドで発達障害を改善していくと、多くの才能ある若者が育っていくことにつながるでしょう。

最後に、ASDはオキシトシンで改善するという報告がありますが、薬で発達障害が本当にすっかりよくなるかということについてもお話ししておきましょう（Hollander et al., 2007）。

これについては、私は否定的です。先に述べたように、発達障害の根本的な原因である視床下部の機能は、オキシトシンなどの物質だけではなく、電磁波などの波動も大いに関係していると考えられるからです。

そういう意味では、単なる薬という物質ではなく、実際に母親が子どもに接して抱きしめ、母親の視床下部の波動を子どもに伝えることが、視床下部の機能を改善するのにきわめて大事であると私は考えています。

ＥＥ教育メソッドは、母親から子どもへ、視床下部へ愛情の波動を伝えることに主眼を置いているのだと思います。一生懸命ＥＥ教育メソッドを実践すれば、必ずや発達障害は改善するだろうと私は信じております。

エピローグ　子どもたちの未来を支えたい

大人たちが子どもの未来を滅亡に向かわせている

なぜ、脳の機能障害をもつ子どもが増え続けているのか。それは、地球環境と社会環境の悪化です。

今は、いちばん敏感な子どもの脳という臓器に悪影響が出ていますが、このまま放置すれば、必ず、もっと強い悪影響が子どもたちの他の臓器にも表われてきます。この流れに終わりはありません。拡大し続けます。

信じられないでしょうが、日本に生まれ育つ子どもたちの生活環境は、先進国の中でも驚くほど悪化しています。絶滅危惧種は人間であり、とくに日本人なのです。

石油系の食品添加物の許認可数が、日本では５００前後あります。アメリカですら

130程度です。ドイツは64、フランスは32、イギリスは22です。電磁波の許容水準も日本は高く、ヨーロッパの50倍といわれています。企業は、このような基準に合わせて、国内向けと国外向けのダブルスタンダードで生産しているのです。

子どもの生活環境でいえば、日本は先進国ではないのです。日本の赤ちゃんは生まれる前から、大変な目に遭っています。妊婦の羊水が化学物質で汚れているからです。胎児のへその緒からは、恐ろしい重金属が例外なく検出されています。低体重児も極小未熟児も増えています。

生まれてからも大変です。アトピー症状やアレルギー症状をもつ子どもが増え続けています。乳幼児虐待がドンドン増えています。学校のいじめも減りません。子どもの貧困も拡大しています。自殺する子どもが毎年大勢います。

それなのに、学校教育は数百年前から基本的に何も変わっていません。スパルタ教育に代表される非科学的で非合理的な旧態依然のストレス教育のままです。評価されるのはストレスに打ち勝った子どもだけです。ですから、学校は楽しくありませんし、邪悪な大人たちの仕掛けた罠にはまってテレビやゲームに逃げる子どもも増え続けています。

私は、警告します。すぐに手を打たなければ間に合いません。手遅れになります。人知を総結集して何とかしなければ、子どもの未来は大変なことになります。地球が氷河期を迎えて人類が滅亡するかもしれないというのではなく、大人たちが子どもの未来を滅亡に向かわせているのです。しかも恐ろしいことに、私たちにその自覚がありません。

私は、科学的で、栄養学的で、効果的な家庭教育を開発し普及することによって、子どもたちの未来を支えたいと考えてＥＥ教育メソッドを構築し、30年以上実践してきました。そして、本書の共著者で世界的な脳神経外科医である篠浦伸禎医学博士と出会うことによって、これまでの実践が間違っていなかったことを改めて確信できました。たいへん嬉しく思い、ぜひ死ぬまでこの道を究めたいと考えています。

この本を読んでくださった読者の皆様にも、心から感謝しています。

（鈴木昭平）

人類にとって大きな福音になる

この本を書き終えて思うことは、世界中で急速に増えている発達障害は、今の大人たちに責任があるということです。発達障害の原因が、子どもの脳の扁桃体・報酬系の過剰な活性化にあると本編で述べましたが、その原因であるストレスを与えているのは、やはり扁桃体・報酬系が過剰に活性化している大人たちなのです。いい生活をしたいと長時間仕事をし、子どもに対して愛情をもち十分な時間をかけて向き合うことができず、子どもの成長に必要な食や環境を破壊して来たのです。

弱い立場にある子どもを守れるのは、周囲にいる大人しかいません。その普遍的な真理にいち早く気づき、教育や医療の専門家たちが遺伝だから治らないと言い続けている発達障害児の改善に、現場で敢然と立ち向かい、成果を上げてきた鈴木昭平先生とその仲間の方々に私は心の底から敬意を払うと同時に、微力ながら応援したいと思い、この本の共著を引き受けました。

私は、脳の機能がいちばんよくわかる「覚醒下手術」を、おそらく日本ではいちばん手がけてきた脳外科医です。そんな立場から鈴木先生のお力になるには、鈴木先生が行なってきた現場での実践について、脳機能から見た理論的背景を示すことであると思い、この本にはかなり専門的なことを書かせていただきました。

私も左脳を主体で使っている人間ですからわかるのですが、左脳主体の人は、理屈がわからないと行動に移さないのです。とくにお父さんは左脳主体の人が多いのですが、理屈がはっきりしないと反対することもあります。そのため残念なことに、鈴木先生の指導を受ければ改善するはずの発達障害児の将来を奪うことにつながってしまうことを、私はたいへん危惧しています。

私は、鈴木先生の本を何冊か拝読し、現場を見させていただきました。そのうえで、私のもつ脳科学の知識を駆使して、なぜその指導法が成果を上げているのかを考え、左脳主体の人でも納得できる理論をこの本にまとめました。

この理論に関しては確信がありますが、その大きな理由が、すべての生活習慣病、たとえば認知症や癌も同じ図式、つまりストレスで扁桃体・報酬系が暴走し、視床下部が弱っていることで起こっているからです。発達障害も、生活習慣からきている以上は例外ではありません。

じつは私も、ある精神科医からアスペルガーではないかと言われたことがあります。たしかに、それなりに生きづらい人生を送ってきましたが、今多少なりとも人様の役に立てるようになったのは、周囲の大人の温かい支えがあったからです。そのような温かい輪をひろげようとなさっている鈴木先生とエジソン・アインシュタインスクール協会の活動を、できるだけ早く、日本だけではなく世界中に広げる。そのことが、人類にとって大きな福音になると私は信じてやみません。

（篠浦伸禎）

参考文献

Aoki Y et al. World J Biol Psychiatry 16, 291-300, 2015.
Ayhan F et al. F1000Research 7, 1-8, 2018.
Buchweitz A et al. Dev Neuropsychol Feb 7, 1-12, 2018.
Casanova MF et al. J Chilld Neurol 20, 842-7, 2005.
Franke B et al. Molecular Psychiatry 17, 960-87, 2012.
Hollander E et al. Biol Psychiatry 61, 498-503, 2007.
Kirsch P et al. J Neurosci 25, 11489-93, 2005.
Ma L et al. Brain Res 1368, 159-62, 2011.
Maier SJ et al. Psychol Med 44, 85-98, 2014.
Saghazadeh A et al. J Autism Dev Disord 47, 1018-29, 2017.
Shinoura N, et al. Acta Neuropsychiatrica 23, 119-24, 2011a.
Shinoura N, et al. J Affect Disorders 133, 569-72, 2011b.
Simsek S et al. Arch Neuropsychiatry 53, 348-52, 2016.
Wilson TW et al. Hum Brain Mapp 34, 566-74, 2013.
Yerys BE et al. Neuroimage Clin 9, 223-32, 2015.

発達障害を改善するメカニズムがわかった！

2018年12月28日　第1刷発行
2021年2月17日　第6刷発行

著　者――鈴木昭平・篠浦伸禎

発行人――山崎 優

発行所――コスモ21
〒171-0021　東京都豊島区西池袋2-39-6-8F
☎03(3988)3911
FAX03(3988)7062
URL http://www.cos21.com/

印刷・製本――中央精版印刷株式会社

ISBN978-4-87795-374-4 C0030